효과 빠른 번아웃 처방전

'가짜' 번아웃이 '진짜' 번아웃이 되지 않도록 하는
38가지 과학적인 방법

효과 빠른
번아웃
처방전

☑ 홋타 슈고 지음　☑ 김양희 옮김

☐fake smile　★time limit　☐shout　★space out　☐microsleep

📖 동양북스

하버드대, 도쿄대, NASA가 밝혀낸 과학적인 방법으로 이제 '가짜' 번아웃에 속지 마라!

"요즘 활기차신가요오~?"

갑자기 이런 말을 들었다고 해보자. 어떤 생각이 들까?

"네, 활기찹니다!"

이렇게 자신 있게 바로 대답할 수 있을까?

아마도 어려울 것이다. 나는 메이지대학에서 교수로 일하면서 연구하고 있다. 매년 다양한 학생들을 보는데, 그때마다 이런 생각이 강하게 든다.

'도무지 활기가 없다. (v_v.)'

학생뿐만이 아니다. 어른도 똑같다. 표정이 어둡다고 할까, 패기가 없다고 해야 할까. 어쩐지 그늘진 느낌이다.

여러분도 분명 그렇게 느끼지 않나?

요즘 시대는 여러 가지 정보가 넘치는 '정보 과잉의 사회'다. 바꿔 말하면, '스트레스가 많은 사회', '활기를 잃기 쉬운 사회'라고 할 수 있겠다.

지금까지 인간은 아침에 일찍 일어나서 주로 몸을 움직이는 육체노동을 하고 밤에도 일찍 잠드는 매우 단순한 생활을 했다. 그런데 오늘날 현대인의 생활은 천차만별이다.

낮에도 밤에도 온종일 컴퓨터 모니터를 봐야 하는 사람도 있고, 밤낮이 바뀐 사람도 있으며, 불규칙한 생활을 하는 사람도 있다. 그리고 너무 바빠서 건강을 신경 쓸 여유조차 없는 사람도 있다.

이런 생활을 하면서 어깨와 허리 통증에 시달리고 직장이나 가정에서 받는 스트레스는 끊이지 않으며, 안 좋아진 몸 건강 때문에 더욱 피로를 느끼는 악순환을 겪고 있다.

옛날 사람들이 당연하게 해오던 '인간다운 생활'은 이제 당연한 것이 아니다. 오히려 단순한 생활을 하는 사람은 매우 드물다. 우리는 지구에 사는 생명체로서 인간이 지켜오던 생활이 완전히 바뀌는 변환기에 살고 있다.

그래도 희망을 잃어서는 안 된다.

선조들의 삶은 우리보다 훨씬 가혹했다. 선조들이 본다면 이런 시대를 사는 우리야말로 부러움의 대상이고 럭키 보이 & 럭키 걸인 셈이다.

현대사회에는 단점을 보완하고도 남을 만큼 큰 혜택이 많다. 그 혜택 가운데 하나가 '과학의 힘'이다. 예전과 비교해도 지금은 과학적인 연구를 하기가 훨씬 수월해져서 뇌, 마음, 몸의 상관관계가 점점 밝혀지고 있다.

인간에게 스트레스의 원인은 무엇일까? 어떻게 하면 스트레스를 줄일 수 있을까?

어떻게 하면 활기차게 하루를 보낼 수 있을까?

어려운 문제처럼 느껴지던 것들이 과학적으로, 이론으로 밝혀지고 있다.

그래서 이 책이 나올 수 있었다.

누구나 한 번쯤은 '번아웃'을 의심해본 경험이 있을 것이다. 하지만, 번아웃의 기준을 하나씩 따져보면 '진짜' 번아웃인 경우는 좀처럼 없다. 그래도 안심할 수 없다. 무기력한 상태를 방치하면 언제든 '번아웃'이 찾아올 수 있다.

이 책은 '가짜' 번아웃이 '진짜' 번아웃이 되지 않도록 막는 38가지 과학적 방법을 소개한다. 작은 습관을 실천해 활기찬 나로 바꾸는 방법들이다.

① 2022년까지 전 세계 과학 논문 등에 소개된 과학적 근거가 있는 방법만을 모았다.
② 누구나, 어떤 환경에서도 쉽게 따라 할 수 있는 간단한 방법을 모았다.

이 책은 이런 두 가지 특징이 있다. 즉, 과학적으로 '효과 있음!'이라고 인정받은 방법이자, 바로 내 삶에 적용하고 효과를 볼 수 있는 방법이다.

나는 법학과 언어학을 중심으로 사회심리학, 생리심리학 실험 등을 융합한 연구를 하는 연구자로, 최근에는 뇌파 실험도 하고 있다. 이렇다 보니 다른 분야의 연구자와 협업할 기회가 많다. 이 책은 내 주요 연구 분야에서 나아가 연관 있는 분야까지 확장해 다양한 분야의 전문가에게 자문하고 근거를 얻어서 썼다.

애초에 이런 내용으로 책을 만들 정도니까, 나 자신부터 굉장히 활력 넘치는 하루하루를 보내고 있다. 오히려 학생들이 이런 나를 꺼려서 고민이다.

하지만, 모처럼의 인생이다.

즐기지 않으면 나만 손해다!

스트레스는 줄이고, 효율은 최대로 올리자!

그런 인생을 살면 분명 보이는 경치가 달라질 것이다.

책에 실린 38가지 방법을 모두 따라 할 필요는 없다. '그래, 이게 좋겠어!'라고 생각한 방법 몇 가지만이라도 해보자. 거기에 '번아웃'을 예방하는 비결이 있다.

물론 나도 이미 이 방법들을 따라 해봤다. 그래서인지 최근에는 활기가 넘친다.

아무쪼록 마지막까지 즐겨보자!

일할 때 효율과 의욕을 높이는 11가지 기술

마음을 평온하게 정돈하는 방법 8가지   4장

하루 종일 좋은 컨디션을 유지하는 아침 습관   **5장**

번아웃을 이겨내는
행복감 높이는 법

6장

1장

☑

가장 먼저
습관화해야 하는 5가지
'활력 스위치'

fake smile time limit shout space out microsleep

01

몸이 먼저 움직이고 나서
뇌는 생각한다

연/구/결/과

각 분야 일류들이
'의욕 스위치'를 켜는 방법,
아무튼 시작하기

• • •

벤저민 리벳Benjamin Libet과
그 밖의 최신 과학 결론

예컨대 업무 자료 만들기, 메일에 답장하기, 자격증 공부나 시험공부, 빨래나 청소 같은 집안일 등은 매일 꼭 해야 하는 일이지만 아무래도 귀찮다. 내키지 않는 일이 많다.

시험공부를 해야 하는데 어느새 방 청소나 책상 정리를 시작하고, 그 일에 몰두해서 멈출 수가 없다…….

이런 경험 해본 사람도 많지 않은가?

사실, 이런 현상에는 이유가 있다.

이것을 '의욕 스위치'라고 하는데, 이 스위치는 실제로 있는 것이다. 단, 몸의 혈 자리를 누르면 손쉽게 켜지는 것은 아니다.

의욕 스위치를 켜는 가장 좋은 방법은, '아무튼 시작하는 것'이다.

그런 뻔한 소리 하지 마!

그럴 수 있으면 이 고생 안 해!

……라고 말하면서 화를 낼 수도 있지만, 뇌와 몸의 관계를 살펴보면 인간은 '일단 하기 시작하면 집중한다'가 아니라, '시작하지 않으면 집중할 수 없게' 설계되어 있다.

일단 시작하면 '의욕 스위치'가 켜진다

공부해야 한다면 먼저 책상에 앉아 교과서든 참고서든 펼쳐서 노트에 적어야 한다. 회의 자료를 만들어야 한다면 자료를 작성하는 프로그램이나 파일을 열어서 키보드를 두드리기 시작해야 하고, 메일을 열었다면 답장을 쓰기 시작해야 한다.

이렇게 '시작하기'로 점점 의욕 스위치를 켜기 위한 궤도에 오르는 것이다.

인간은 지금까지 무언가를 할 때 우선 머리로 생각하고 뇌에서 명령을 내려서 행동한다고 생각해왔다. 그런데 심리학이나 뇌과학에서는 사람은 '행동하고 나서 생각한다'라는 것이 상식이 되고 있다.

예를 들어, 가위바위보를 할 때 가위를 낸다고 해보자. 이때, 사실은 마음속으로 '가위를 내자'라고 의식하기 전에 근육에 내리는 명령이 뇌에서 나오는 것이다. 가위를 내려고 하는 몸의 움직임을 받아들여 마음속으로 '가위를 내겠어!'라고 생각한다.

뇌의 움직임을 측정하면 그 순서를 확실히 알 수 있다.

미국의 생리학자 벤저민 리벳 연구팀은 실험을 통해 움직이기 위해 보내는 신호가 움직이기 위해 의식하는 신호보다 350밀리초^{millisecond}나 빨랐다는 사실을 밝혀냈다. 즉, 생각한 후 결심하는 것보다, 몸의 움직임이 뇌에 미치는 힘은 더 강하다는 것이다.

한 가지 더 이야기하자면, 뇌에는 일단 그 행동을 시작하면 빠져드는 성질이 있다. 뇌에는 '담창구^{Globus pallidus}'라고 부르는 회색 덩어리가 있는데, 이것이 바로 '의욕 스위치'다.

일단 작업을 시작하면 이 '의욕 스위치'가 켜져서 그만둘 수 없게 된다. 시험공부를 하다가 시작한 책상 정리가 평소보다 잘 되는 이유다. 자기 전에 무심코 만화책을 읽기 시작했는데 한 권을 다 읽어버리는 경우도 이런 뇌의 성질 때문에 일어나는 현상이다.

그래서 의욕 스위치를 켜고 싶다면 '핑계 대지 말고 시작한다' 외에는 방법이 없다. 다만, 시작하기 위해서는 한 가지가 더 있다.

바로, '하고 싶지 않은 일을 하기 위한 방해물을 되도록 줄이는 것'이다.

예전에 유명한 소설가 무라카미 하루키村上春樹에게 들은 이야기인데, 그는 매일 반드시 4~5시간은 책상에 앉아 있는 시간을 정한다고 한다. 글을 써야 하는 일이 있든 없든 어쨌든 책상에 가서 앉는다. 그래야 '의욕 스위치'가 켜진다고 했다.

무라카미 하루키의 이 습관은 미국의 작가 레이먼드 챈들러 Raymond Chandler의 방식을 따라 한 것이다.

챈들러는 자신에게 맞고 글을 쓰기에 적합한 책상을 정하라고 추천한다. 그다음 만년필과 자료, 원고지를 준비해서 언제든지 일할 수 있는 상태를 만드는 것이다. 무라카미 하루키뿐만 아니라, 소설가들은 회사원처럼 '글 쓰는 시간'을 정해서 글을 쓰는 경우가 많다.

나도 논문이나 책 쓰는 속도가 느려서 큰 고민이었는데, 무라카미 하루키의 이야기를 듣고 시간을 정하고 글 쓰는 환경을 만들어서 글을 쓰기로 마음먹었다. 그러자 글 쓰는 속도를 내가 조절할 수 있게 되어 고민을 어느 정도 해결할 수 있었다.

여러분도 평소에 해야 할 일에 집중할 수 있도록 책상 주변을 정리해두고 집을 깨끗하게 치워두면 수월하게 처리할 수 있다.

'하기 싫어……'라고 머리로 생각하기보다 먼저 행동!

이 방법이 내가 알고 있는 궁극의 의욕 스위치이자, '활력 스위치'다.

핵심 처방전

의욕이 없을 때는 생각한 후 움직이기보다 우선 몸을 움직여 시작해보자.

02

기분을 바꾸는
웃음의 힘 1

연/구/결/과

딱히 즐거운 일이 없어도
'페이크 스마일'로 미소 지으면,
스트레스가 줄고 기분이 좋아진다.

• • •

캔자스대학 타라 크래프트Tara L. Kraft,
사라 프레스먼Sarah D. Pressman 연구팀

앞에서 '몸이 먼저 움직이고 나서 뇌가 생각한다'라고 말했는데, 이 법칙은 여러 가지 상황에 응용할 수 있다. 그중 하나가 '감정 조절'이다.

인생에는 좋은 일만 있지 않다.

'왠지 요즘 기운이 없어……', '운이 없군', '계속 짜증 나', '슬퍼'.

이런 식으로 기분이 가라앉을 때는 일단 웃어보자.

원래 사람은 즐겁거나 행복해서 웃는 게 아니라, 웃으니까 즐거워지고 행복해지는 것이다. 즉, '웃는 것 = 즐거움, 행복'이라는 공식이 뇌에 입력되어 있어서, 웃는 얼굴을 하면 행복한 기분을 불러올 수 있다.

미심쩍어하는 사람도 많겠지만 이것은 전 세계적으로 실험을 통해 증명된 사실이다.

만하임대학의 프리츠 스트랙Fritz Strack 연구팀이 펜을 사용해 진행한 실험을 보자. 이 실험에서는 대상자를 세 개의 그룹으로 나눠 실험했다.

A : 빨대를 빨아들이는 것처럼 입술을 동그랗게 오므려서 치아가 닿지 않는 상태로 펜을 물게 했다.

B : 입술에 닿지 않도록 위아래 앞니로 펜을 물게 했다.

C : 평범하게 펜을 손에 들게 했다.

그다음, 이 상태로 만화책을 읽게 했다.

그 결과, 웃는 것처럼 입을 벌린 B그룹이 만화를 가장 재미있게 느꼈다는 결과가 나왔다. 이처럼 몇 배로 즐거운 기분이 들게 하는 것이 웃음의 효과 중 하나인데, 웃음은 스트레스를 줄이는 데도 큰 효과가 있다.

캔자스대학의 타라 크래프트와 사라 프레스먼은 실험 대상자들이 다양한 방식으로 젓가락을 물게 한 후 스트레스를 줬다. 간단하게 말하면 다음과 같다.

① 웃는 것처럼 물게 했다.
② 입꼬리만 올라가도록 물게 했다.
③ 무표정으로 물게 했다.

실험 대상자들에게 별을 그리게 하거나 1분 동안 얼음물에 손을 넣게 한 후 심박수와 스트레스받는 정도를 잰 결과, 웃는 얼굴이 되도록 젓가락을 가로로 문 1번 대상자가 심박수와 스트레스 정도가 가장 낮았다.

사실, 이런 '페이크 스마일' 습관이 있는 사람과 그렇지 않은 사람은 풍기는 분위기가 다르다('가짜 웃음'은 부정적인 인상을 줄 수 있는 표현이므로 이 책에서는 '페이크 스마일'이라고 표현하겠다).

예컨대 방송에서 활약하는 배우나 아이돌은 굉장히 생기 넘치는 표정을 짓고 있다. 하지만 광고, 드라마, 영화, 잡지 등 촬영 현장은 상상 이상으로 가혹하다. 몇 번이나 같은 장면을 찍기도 하고, 한겨울에 차디찬 바깥에서 얇은 옷을 입은 채 촬영하기도 하고, 무더운 날씨에 두꺼운 옷을 입는 일도 종종 있다.

예능의 세계는 우리가 상상하는 것보다 훨씬 더 가혹하다. '웃을 때가 아니야!'라고 생각하는 경우도 분명히 많을 것이다.

그런 상황에서도 보는 사람이 깜짝 놀랄 만큼 환하게 웃을 수 있는 것은 일상적인 습관 덕분이다.

'이 상황을 즐기자', '나는 프로니까(어른이니까) 표정은 밝게!'라고 마음먹은 사람은 생기가 넘치고 주위 사람도 웃게 하는 매력이 있다.

일상에서의 사소한 불만은 '페이크 스마일'로 날려버리자!

이것이 두 번째 '활력 스위치'다.

핵심 처방전

딱히 즐겁지 않아도 웃는 얼굴을 만들자. 웃는 사람은 무표정한 사람보다 살면서 더 많은 이득을 얻을 수 있다.

〈 03 〉

주변까지 바꾸는
웃음의 힘 2

'얼굴이 구겨질 정도로 웃는'
페이크 스마일로 의사소통하면
주변 환경이 좋아진다.

. . .

캔자스대학 타라 크래프트,
사라 프레스먼 연구팀

활기가 없는 것은 뇌와 신체가 스트레스를 느끼기 때문이다. 인간이 느끼는 주요 스트레스 중 하나가 '인간관계'에서 오는 스트레스다. 일이든 사적이든 나와 성향이 맞지 않는 사람은 있기 마련이고, 사이좋게 지내다가도 사소한 일로 사이가 틀어지거나 서로 적이 되는 일이 계속해서 일어난다.

현대인에게 커다란 문제 중 하나인 인간관계가 주는 스트레스를 줄이는 방법에 관해 생각해보자.

앞에서 캔자스대학 타라 크래프트와 사라 프레스먼의 실험을 소개했는데, 그 실험 결과에서 재밌는 사실을 알게 됐다.

내 기분이 즐겁게 바뀌고, 스트레스를 더 줄이는 방법은 단순히 입꼬리를 올리는 것이 아니라 입을 벌려 웃는 것이다.

즉, 미소를 띠는 정도의 웃음이 아니라 치아가 보일 정도로 얼굴 전체 근육을 움직여 호탕하게 웃는 웃음이 심리적인 스트레스를 더 많이 줄일 수 있다는 말이다. 바로, '함박웃음'이라고 부르는 웃음이다. 포인트는 바로 눈가다.

성형외과 의사의 말에 따르면, 눈꼬리의 주름은 '행복'을 나타낸다고 한다. 얼굴이 구겨질 정도로 웃으면 확실히 눈꼬리에 주름이 생긴다. 이 주름이 행복의 상징인 셈이다.

눈꼬리 주름은 보는 사람도 다정함과 안정감을 느끼게 한다. 나이가 지긋한 할머니의 쭈글쭈글 주름진 얼굴에 위협을 느끼고 경계하는 사람은 없을 것이다.

웃는 얼굴은 상대방에게 자신이 적이 아님을 보여주는 신호기도 하다.

서양의 사업가나 정치가는 웃는 얼굴이 멋져서 능력자라는 분위기를 풍기고, 그 모습에 나도 모르게 경계심이 풀어진다.

무엇보다 중요한 것은 웃음은 '전파된다'라는 사실이다. 주변 사람도 웃게 만든다. 눈물이나 하품이 전염되기도 하고, 아기가 어른 흉내를 내면서 웃기도 한다.

이것은 뇌 기능 중 하나로, 타인을 흉내 내고 싶어 하는 거울 뉴런Mirror neuron이라는 세포가 눈앞에 있는 사람의 말과 행동을 무심코 따라 하게 만드는 것이다.

웃는 얼굴로 사람을 대하면 좋은 일이 생긴다

다시 말하자면, 의사소통할 때 웃는 얼굴은 두 가지 효과가 있다.

- 스트레스를 줄일 수 있다(긴장감도 줄어든다).
- 상대방도 웃는 얼굴로 만든다(그 자리의 분위기도 한층 부드러워진다).

웃는 얼굴로 사람들을 대하면 좋은 일이 많다. 인상을 찌푸리거나 무표정한 사람보다 확실히 좋은 인상을 준다. 실제로 웃는 얼굴이 주는 인상에 관한 연구가 많이 이루어지고 있고, 웃는 얼굴을 한 사람이 신뢰감, 친근감, 성실함, 매력 등이 높게 평가

받아 긍정적이고, 사교적이며, 똑똑한 사람으로 보인다고 알려져 있다.

웃는 얼굴로 사람을 대하려고 노력하면 인간관계가 다양하고 폭넓어진다.

예를 들면, 주인 마음에 들어야만 예약을 할 수 있는 유명한 가게에 같이 가게 된다거나, 그런 만남으로 생각지도 못한 일을 하게 된다거나, 새로운 사람을 소개받는 등 여러 가지 장점이 있다.

인간관계가 주는 고민은 노력으로 해결할 수 있는 경우가 많다. 누구라도 웃는 얼굴이 멋진 사람과 함께 있고 싶은 법이다. 일단 웃자! 이 웃음이 결정적 돌파구가 되어줄 것이다.

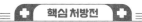
핵심 처방전

인간관계 때문에 스트레스가 심할 때는 얼굴 근육을 한껏 사용해서 웃는 얼굴로 사람을 대해보자.

가라앉은 기분을
단번에 끌어올리는 법

연/구/결/과

손발의 움직임은
표정보다 더 감정에 영향을 미친다
(즐거운 동작을 하면 즐거워진다).

· · ·

샌프란시스코 주립대학 에릭 페퍼Erik Peper,
아이 메이 린I-Mei Lin 연구팀

운동선수에게는 여러 가지 정해진 행동(루틴)이 있다. 특히 냉정한 승부의 세계에서는 '연습한 대로 자기 실력을 백 퍼센트 발휘하기'에 맞춰서 철저하게 준비하기 때문에 동작은 굉장히 중요한 요소다.

예를 들면, 탁구나 테니스 경기에서 점수를 냈을 때나 야구에서 투수가 상대 팀 타자를 삼진시켰을 때 선수들이 '승리 포즈'

하는 것을 본 적이 있지 않은가? 그런 모습을 보면 '꽤 기쁜 모양이군'이라고 생각하겠지만, 과학적으로 보면 사실 승리 포즈에는 경기력을 끌어올리기 위한 의미가 있다.

'몸에서 가장 주도권이 강한 곳은 머리보다 내 의지로 쉽게 움직일 수 있는 손발이다'라는 주장은 심리학 분야에서 점점 인정받고 있는 의견이다.

샌프란시스코 주립대학의 에릭 페퍼와 아이 메이 린 연구팀이 한 연구를 보자.

이 실험에서는 실험 대상자들에게 손을 번쩍 들고 한 발씩 다리를 번갈아 깡충깡충 뛰면서 앞으로 나가는 신나는 스킵 동작, 고개를 숙이고 걷는 풀 죽은 동작을 하게 해서 스스로 느끼기에 활기가 어떻게 변하는지를 살펴봤다.

그 결과, 즐겁고 신나는 동작을 한 사람들은 활력이 높아졌지만, 고개를 숙이고 걷는 동작을 한 사람은 실험 전에는 활기찼던 사람까지 활력이 크게 떨어졌다. 즉, 몸의 움직임이 마음에 미치는 영향은 상상 이상으로 강하다.

의도가 있든 무의식적으로 하는 동작이든 운동선수가 '승리 포즈'를 하는 것에는 그렇게 해서 '더욱 기분을 고양시킨다', '힘을 낸다'라는 의미가 있다.

운동선수뿐만 아니라 우리도 마찬가지다.

면접이나 중요한 일을 앞두고 있을 때, 또는 속상한 일이 있을 때 '승리 포즈'를 해보거나, 제자리에서 펄쩍펄쩍 신나게 뛰어보자.

표정도 기분도 자연스럽게 좋아질 것이다. 물론, 승리 포즈뿐만 아니라 '즐거운 듯한 동작'은 표정까지 밝게 해준다.

어느 나라나 전통 춤이 있는데, 춤을 추면서 모두 함께 '즐거운 마음', '기쁜 마음', '신성한 마음' 등을 조절할 수 있다는 사실을 인간은 오래전부터 알고 있었기 때문인지도 모른다.

실제로 요크대학의 맥신 캠피온Maxine Campion과 셰필드대학의 리아트 레비타Liat Levita가 한 연구에서도 5분 동안 춤을 추면 스트레스와 피로 해소에 효과가 있다는 사실이 밝혀졌다.

✚ 핵심 처방전 ✚

축구 선수가 골을 넣은 후 승리 포즈를 취하는 것처럼, 우리도 중요한 일을 앞두고 있을 때 승리 포즈로 나 자신을 북돋아보자. 승리 포즈가 부끄럽다면 다음 동작을 추천한다.

⋯› 온 힘을 다해 뛰어오른다.
⋯› 이상한 춤을 춘다.
⋯› '삐-!'라고 소리를 내면서 달린다.

05

자세가 마음가짐에
미치는 영향

등을 쭉 펴고 당당하게 걸으면
적극적인 마음이 되고,
스트레스 호르몬이 더욱 감소한다.

· · ·

컬럼비아대학 다나 카니Dana R. Carney 연구팀

자세가 나빠지면 기분도 우울해진다. '자세'에 대한 연구 중에는 다음처럼 놀라운 실험 결과도 있다. 컬럼비아대학 다나 카니 연구팀은 자세가 다른 두 그룹에 게임을 하게 했다.

A : 당당한 자세를 한 그룹
B : 움츠린 자세를 한 그룹

그랬더니, 당당한 자세를 한 A그룹이 위험도가 높은 내기에 거리낌 없이 도전했다고 한다. 그리고 실험에 참여한 사람의 타액을 조사했는데, 허리를 꼿꼿하게 펴고 당당한 자세를 한 사람에게서는 결단력, 적극성, 공격성, 강한 승부욕 등과 관련 있는 호르몬인 테스토스테론^{Testosterone}이 증가하는 결과가 나왔다. 즉, 자세를 반듯하게만 해도 도전 정신이 넘치고 싸울 용기가 생긴다는 말이다. 또한, '코르티솔^{Cortisol}'이라는 스트레스 호르몬 수치도 낮아졌다.

이처럼, 자세는 생각보다 마음가짐에 큰 영향을 미친다.

예를 들면, 서양인은 일본인보다 자신감이 느껴지지 않는가?

실제로 해외에서는 일본인 여행자가 날치기나 강도 같은 범죄 대상이 되기 쉽다고 한다. 중국인, 한국인이 아니라 분명하게 일본인이다. 하지만, 서양인들이 겉모습만으로 일본인을 구별하기란 쉽지 않다(우리도 겉모습만으로 그들이 어느 나라 사람인지 구별할 수 없다).

전부터 이유가 궁금했는데, 미국에서 읽은 잡지 기사에 답이 있었다. 그 기사에는 '일본인은 뒷모습만 봐도 금방 알 수 있다'라고 적혀 있었다. 이유는 '동양인은 항상 고개를 숙이고 걷기 때문'이라는 것이다.

기사를 본 후에 일본에서 거리를 걷는 사람을 관찰했더니 대

부분 고개를 숙여 얼굴이 땅을 향한 채 걷는 경향이 있었다. 최근에는 스마트폰의 영향으로 이런 현상이 더욱 심해진 듯하다. 전철을 타도, 걷고 있어도, 누군가를 기다리면서도 스마트폰을 만지고 있다. 그만큼 계속 아래를 보고 있으면 당연히 새우등이나 거북목이 되고 만다.

그런 모습은 빈말이라도 '활기 넘치는 느낌'이라고 할 수 없다.

'등을 쭉 펴고 바른 자세를 유지하는 것'은 단순히 정신적인 주문이 아니라, 실제로 뇌와 신체에 큰 영향을 미친다.

고개를 숙이고 있으면 우울해지고 주변에서도 '저 사람은 음침해서 공격하기 쉬워 보여'라는 생각이 들게 한다.

그러니 평소에도 '허리는 항상 꼿꼿하게!'를 마음에 새기고 생활하기를 바란다. 그러면 주위에서 당신을 보는 눈도 달라지고, 무엇보다 긍정적인 기운이 충만해지는 느낌을 받게 된다. 그리고 해외여행에서 범죄에 노출될 확률도 줄어든다.

핵심 처방전

'턱을 당긴다. 배꼽 아래쪽에 힘을 준다, 엉덩이를 조인다' 같은 방법으로 평소에도 바른 자세를 유지해보자.

2장

일할 때 효율과
의욕을 높이는
11가지 기술

 fake smile　　 time limit　　 shout　　 space out　　 microsleep

06

일하면서
기세가 필요할 때

연/구/결/과

동작에 효과음(기합 소리)을 더하면
효과나 효율이 몇 배가 된다.
···
리옹대학 타하르 라바히Tahar Rabahi 연구팀

앞에서 활기에 관한 연구와 활기를 얻는 '다섯 가지 스위치'를 소개했다. 지금부터는 주제를 좁혀서 일할 때 '효율과 의욕을 높이는 기술'을 알아보기로 하자. 우선 일할 때 활용할 수 있는 효율을 높이는 동작을 소개하겠다.

갑작스러운 문제에 대처해야 하거나 억지로 떠맡은 일, 내키지 않은 일을 할 때 여러분은 어떻게 하는가?

그런 상황에서 유용한 방법은 '소리를 내면서 눈앞의 일을 하는 것'이다.

리옹대학의 타하르 라바히 연구팀이 실험 대상자에게 "점프!"라고 말하면서 제자리높이뛰기를 하게 했더니, 평균 높이가 6퍼센트 높아졌다는 결과가 나왔다. 소리를 내면 자연스럽게 의욕이 생기고 원래 가지고 있는 능력을 잘 발휘할 수 있다.

가라테 선수나 종합 격투기 선수가 펀치나 킥을 날릴 때 '휙' 소리를 내면서 싸우는 광경을 본 적이 있을 것이다. 이것도 동작의 이미지에 맞는 의성어를 소리 내어 말함으로써 민첩하고 강한 기술을 쓸 수 있기 때문이다.

나도 미국에서 유학하던 시절부터 상대 선수를 직접 가격하는 방식의 풀 콘택트 가라테를 하고 있는데, '기합 소리'의 중요성을 느끼고 있다. 소리를 내면 정말 날렵하고 세게 상대방의 몸을 칠 수 있다.

일상생활에도 이 이론을 적용할 수 있다. 잘 열리지 않는 병뚜껑을 열 때 소리를 내보면 어떨까? 신기할 정도로 힘이 솟구칠 것이다.

단, 사무실 등 주변에 사람이 있는 환경이라면 얘기가 다르다. 예컨대, 사무실에서 컴퓨터 키보드를 두드릴 때 "그렇지!", "좋아!", "으쌰!" 같은 소리를 내기는 어렵다.

그럴 때는 어떻게 하면 좋을까?

사실 목소리를 실제로 낼 필요는 없다.

타하르의 연구팀이 한 실험에서는 소리를 내는 것뿐만 아니라 '점프!'라고 마음속으로 외치거나, 누군가가 "점프"라고 외치는 음성을 듣거나, 이 단어를 보여주기만 해도 효과가 있었다고 한다.

실제로 소리 내어 말하지 않아도, '오늘은 컨디션이 좋네', '술술 풀리네', '일이 척척 잘되네' 같은 말을 마음속으로 하기만 해도 효과가 있다. 일종의 암시지만, 효과는 보장한다. 꼭 시도해보길 바란다.

핵심 처방전

힘든 문제에 대처해야 할 때, 마음속으로 기합 소리를 외치면서 힘을 내보자.

07

가라앉은 텐션을
끌어올려야 할 때

연/구/결/과

'몰입'을 활용해서
오히려 상황을 즐기는 기분이 된다.

...

이케가야 유지池谷裕二 교수 등 뇌과학자의 연구

전혀 흥이 나지 않는 술자리, 늦은 시간에 끝날 게 분명한 접대, 목적지가 보이지 않는 교통체증, 전철의 지연 사고 등 인생에는 내가 생각지도 못한 일들이 일어난다. 그럴 때마다 '이거 시간 낭비야', '최악이야'라는 생각이 든다.

그럴 때 어떻게 하면 좋을까?

《논어》에 이런 구절이 있다.

'지지자 불여호지자, 호지자 불여락지자(知之者 不如好之者, 好之者 不如樂之者, 아는 사람은 좋아하는 사람만 못하고, 좋아하는 사람은 즐기는 사람만 못하다).'

이 말은 열심히 공부해서 지식을 아는 사람이 그것을 좋아하는 사람에게는 당할 수 없고, 좋아하는 사람이 즐기는 사람에게는 당해낼 수 없다는 뜻이다.

이 말대로 어떤 상황이라도 '즐거워!'라고 느끼는 사람 혹은 즐기려고 하는 사람이 인생의 진정한 승자다.

그렇다면 전혀 만족스럽지 않은 상황에서도 눈앞의 일을 즐기기 위해서는 어떻게 하면 좋을까?

'몰입'하면
즐거워진다

뇌과학자인 도쿄대학 대학원 약학계 연구과의 이케가야 유지 교수는 의욕 스위치를 켜기 위해서는 '몰입'이라는 방법을 활용하면 좋다고 한다. '즐기고 있는 자기 자신에게 몰입하는 것'으로 스스로 즐기고 있다고 뇌를 속이는 것이다.

접대하는 자리에서 높은 사람의 매우 긴 이야기를 들어야 할 때는 '이렇게 이야기가 재미없는데 이만큼이나 출세할 수 있다니, 오히려 이 사람에게 흥미가 생긴다. 대체 어떤 삶을 살았는지 물어보자'라고 생각하고, 술자리에 재미없는 사람뿐이라면 '이런 와중에도 자연스럽게 녹아드는 나는 카멜레온 같은 명배우다'라고 생각하는 식이다.

차가 너무 막히면?

'이봐, 아무리 그래도 너무해! 노래나 불러버릴까!' 이런 식으로 '오히려 즐거워!'라는 쪽으로 기분을 바꿔보자.

그러면 수동적이고 부정적인 행동이 긍정적이고 능동적인 행동으로 바뀐다. 반대로, '못 해', '안 돼'라고 생각하면 적극적으로 행동할 수 없다.

즉, 앞에서 말했듯이 '의욕 스위치'를 켜는 가장 큰 포인트는 '아무튼 시작하기'다. 그런 점에서 '몰입'은 무언가를 시작하기 위한 도입부에 해당한다고 할 수 있다.

어떤 일이든 적극적으로 임하면 즐거움은 몇 배가 되고 스트레스는 최소화할 수 있다. 그러니 '최악' 대신 '오히려 즐거워!'를 입버릇으로 만들자.

이 방법을 더 효과적으로 활용하려면 나만의 기분 전환용 문구를 만드는 것도 좋다. 예를 들어, 나의 경우는 다음과 같은 문구를 배웠다.

'위기, 위기, 기회, 기회, 달려, 달려, 달려!'(일본 동요 '비가 내림ぁめふり'의 가사를 바꾼 유명한 문구)

'큰일 났어! 그러니까 재밌지!'

어떤가?

이런 식으로 나만의 기분 전환용 문구를 만들어보자.

핵심 처방전

일이 잘 풀리지 않을 때일수록 '오히려 좋아!'같이 긍정적으로 생각하자.

08

결과를 내야 하는
중요한 순간에

연/구/결/과

가슴을 쭉 펴고 생활하면
'능력 있는 사람'의
분위기가 자연스럽게 뿜어져 나온다.

• • •

서던 캘리포니아대학 바네사 본스Vanessa K. Bohns와
스콧 윌터무스Scott S. Wiltermuth의 연구

면접이나 중요한 회의, 거래처와의 미팅 등 인생에는 '이때다!'
싶은 중요한 순간이 찾아온다. 그런 중요한 순간에 똑 부러지게
결정하려면 어떻게 해야 좋을지 방법을 생각해보자.

앞에서 소개한 자세 연구와 관련하여, 하버드대학의 에이미
커디Amy J. C. Cuddy 연구팀이 한 실험도 있다.

당당한 자세를 한 사람과 움츠린 자세를 한 사람으로 실험

대상자를 나누고 그 자세를 1분간 유지하게 한 다음에 모의 취업 면접을 보면 어떤 결과가 나오는지 알아보는 실험이다.

그 결과, '퍼포먼스'와 '고용 가능성'에서 면접 전에 1분간 당당한 자세를 하고 면접에 임한 사람들의 평가 점수가 높게 나왔다. 실험 대상자가 느끼는 자기평가도 높았다고 한다. '적극성'과 관련된 호르몬인 테스토스테론이 나오는 느낌이 전해지는 듯하다.

포인트는 '중요한 일을 앞두고 당당한 자세를 취하기만 해도 효과가 있다'라는 것이다.

중요한 승부를 앞둔 상황이라면 화장실 같은 곳으로 달려가, 몇 분 동안 허리를 꼿꼿하게 편 다음 실전에 임하는 것이 좋다.

물론 실전에서도 허리와 가슴을 쭉 펴고 당당히 임하는 것이 제일 좋다. 등이 곧은 사람은 아름답고 패기 있어 보인다.

여성으로만 구성된 일본의 다카라즈카 가극단에서 조장을 역임했던 사람에게 들은 말인데, "자신감 있는 분위기를 내뿜으려면 먼저 자세부터 당당하게 해야 한다"라고 한다. 등줄기를 위에서 잡아당기듯이 바르게 하고 가슴을 확실하게 펴는 것이 중요하다고 한다. 실제로 내가 협력하고 있는 기획사의 배우들이 그 사람의 지도를 받고 나서 한순간에 분위기가 바뀌어서 깜짝 놀랐다.

이것을 뒷받침하는 실험도 있다.

오클랜드대학의 슈웨타 나이르Shwetha Nair 연구팀이 한 실험에 따르면, 등을 꼿꼿하게 편 실험 대상자들과 등을 구부린 실험 대상자들에게 글을 읽게 하거나 스트레스 지수가 높아지는 발표 과제 등을 시켰더니, 등을 쭉 편 실험 대상자들이 등을 구부린 실험 대상자들보다 자기평가가 더 높았고, 기분도 좋았으며, 공포심도 적었다고 한다.

또한, 서던 캘리포니아대학의 바네사 본스와 스콧 윌터무스는 실험 대상자들에게 각각 세 가지 자세로 통증을 견디는 실험을 했다.

① 고개를 뻣뻣하게 들고 가슴을 펴고 내려다보는 것처럼 자신감으로 가득 찬 자세
② 평범하게 똑바로 서서 앞을 보는 자세
③ 몸을 웅크린 새우등 같은 자세

그 결과, 잘난 척하는 듯한 자세를 취한 ①번 대상자들이 스트레스에 대한 내성이 가장 높아져서 통증에도 무뎌진다는 결과가 나왔다. 게다가, 또 다른 실험에서 가슴을 펴고 있으면 함께 있는 사람도 통증에 대한 내성이 높아진다는 사실이 밝혀졌다.

즉, 가슴을 펴고 있으면 자기 자신뿐만 아니라 주변 사람도

스트레스를 견딜 수 있게 된다는 말이다. 예를 들어, 리더가 자신감이 넘치면 그 밑에서 일하는 사람들도 좋은 영향을 받는다는 것이다.

물론, 지나치면 불쾌감을 줄 수 있으니 적당히 하는 것이 좋다. 그렇지만 '가슴을 편다'라는 것은 놀라울 만큼 효과가 있다.

핵심 처방전

활기차고 긍정적인 분위기를 내뿜고 싶은 사람은 의식해서 가슴을 활짝 펴는 자세를 유지해보자.

⟨ 09 ⟩

피로 때문에
능률이 떨어졌을 때

연/구/결/과

동료 간에 '애정 어린 주의'로
떨어졌던 집중력이 되살아난다.
· · ·
예일대학 야오다 쉬Yaoda Xu 연구팀

바빠서 제대로 휴식을 취하지 못한 채 계속 일을 하면 아무래도 집중력이 떨어지기 마련이다. 바쁠수록 효율을 올리고 싶은데 실패하거나 실수해서 더욱 짜증이 난다. 그런 경험은 없는가? 이런 악순환을 막으려면 어떻게 해야 할까?

장기적인 효과를 누리면서 이상적인 해결책은 자기 능력을 향상하는 것이다. 즉, 한 가지 업무에 걸리는 시간을 80퍼센트 정도로 단축하고, 줄어든 시간에는 충분히 휴식을 취하거나 자기계발에 투자하는 것이다.

다만 가능하면 지금 당장, 빠르게 효율을 올리고 싶을 때도 있다. 그럴 때 효과적인 방법이 '동료들과 팀 구성하기'다.

집중력을 끌어올려주는
동료의 애정 어린 말

이것은 자기 업무를 다른 사람에게도 하게 시키는 것과는 다르다. 업무는 각자 맡은 업무를 한다. 여기서 말하는 '팀'이란, 동료끼리 가끔 서로의 컨디션을 살피고 피곤해 보이는 사람이 있으면 피곤한 상태를 알아차릴 수 있도록 얘기해주는 규칙을 정해서 구성한 팀이다.

예일대학의 야오다 쉬 연구팀은 혈류와 관련한 변화를 통해 뇌 활동을 측정하는 기능적 자기공명영상법fMRI을 사용해서 실험 대상자의 뇌 활동을 촬영했다.

이 실험에서는 참가자에게 얼굴이나 풍경 등을 포갠 여러 가지 요소로 이루어진 영상을 보여주고 주의가 산만해지는 순간을 조사했다. 그리고 주의가 산만해졌을 때, 실험 대상자들에게

"집중력이 떨어졌어요"라고 알려줬다. 그랬더니 실험 대상자들의 집중력이 다시 높아지고 뇌가 좋은 컨디션으로 돌아왔다.

다시 말해서 단순히 "집중력이 떨어지고 있어요"라고 근거를 갖고 설명하기만 해도 뇌는 자극을 받아 맑아진다.

만약 옆 책상에서 동료의 키보드 치는 소리가 줄어들었다면, 개인적으로 그 사실을 알릴 수 있는 사람을 팀으로 구성하는 것만으로도 업무 효율이 향상될 것이다. 다만, 지적할 때 말투에 주의해야 한다.

전달 방법은 페넬로페 브라운**Penelope Brown**과 스티븐 레빈슨 **Stephen C. Levinson**이라는 학자들이 주장한 '폴라이트니스**Politeness**' 이론을 참고할 수 있다. '폴라이트니스'는 일반적으로 통하는 '정중함'보다는 상대와 인간관계를 원만하게 유지하기 위한 '배려하는 말투'에 가깝다.

또한, 이 이론에는 '포지티브 페이스'와 '네거티브 페이스' 두 종류가 있다.

포지티브 페이스는 타인에게 이해받고 싶고, 사랑받고 싶고, 칭찬받고 싶은 욕구다. 이것을 해치지 않기 위해서 칭찬하거나 상대의 인정 욕구를 충족시키는 표현을 사용한다. 네거티브 페이스는 타인에게 방해받지 않고 자유롭고 싶은 욕구다. 이를 해치지 않기 위해 상대의 자유를 빼앗거나 비난하지 않도록 한다.

예를 들어, 잠시 업무에서 손을 놓고 있는 상황이라면 "오랫

동안 집중해서 피곤하지? 얼마 안 남았어. 조금만 더 힘내자!" 이런 식으로 상대방의 포지티브 페이스를 충족시키는 말투로 말을 걸어보면 어떨까?

반대로, "좀 더 열심히 해봐"라거나, "손이 멈췄잖아" 같은 직접적인 말투는 상대의 자유를 빼앗는, 네거티브 페이스를 위협하는 말투라서 상대방을 짜증 나게 할 수도 있다.

일할 때는 사기를 북돋거나 의욕이 생기도록 꾸짖는 것도 필요하다. 그럴 때도 동료에게 건네는 말에는 항상 애정과 진심을 담아야 한다.

핵심 처방전

빠르게 효율을 올리고 싶다면 서로의 집중력이 떨어졌을 때 진심을 담아 말해주는 팀을 구성해보자.

⟨ 10 ⟩

영감이
필요할 때

⟨연/구/결/과⟩

'멍'하게 있으면
뇌는 평상시보다 15배 더 일하고,
좋은 아이디어가 떠오른다.

· · ·

워싱턴대학 마커스 라이클Marcus E. Raichle 연구팀

정신과 의사이자 의학박사인 니시다 마사키西多昌規 교수에 따르면, 항상 바쁘고 업무에 쫓기는 상태는 뇌에 좋지 않다고 한다. 의식적으로 활동할 때보다 멍하게 있을 때 뇌는 에너지를 사용하며, 전자와 후자의 차이는 무려 15배나 된다는 것이다.

　즉, 멍하게 있을 때 뇌가 가장 많이 일한다는 말이다. 아무 생각이 없으면 원래의 능력이 발휘되어 뇌의 기능을 높일 수 있다.

워싱턴대학 의학부의 마커스 라이클 연구팀의 연구 결과에 따르면, 무언가 행동하고 있을 때와 멍하게 있을 때의 뇌 기능을 비교했더니 멍하게 있을 때 기억이나 가치판단에 관여하는 뇌 부위가 활발하게 움직였다고 한다. 이런 뇌의 상태를 '디폴트 모드 네트워크Default Mode Network'라고 부른다.

아이디어를 열심히 생각하려고 할 때보다 몸에 힘을 빼고 긴장을 풀고 있을 때 문득, '아! 그러고 보니!'라고 말하면서 영감이나 아이디어가 떠오른 경험은 없는가? 이런 현상은 뇌의 혈류 작용과 관련이 깊다.

뇌 혈류의 총량은 무언가를 하고 있을 때도, 아무것도 하지 않을 때도 똑같다.

무언가를 하고 있을 때는 그 행동을 하기 위한 뇌 부위에 혈류가 많이 흐르지만, 일부에만 혈류가 집중되면 그 외의 움직임은 둔해진다.

한편, 멍하게 있는 상황에서는 무언가를 하고 있을 때 사용하지 않는 뇌 부위에도 에너지가 도달한다. 그래서, 이전까지 떠오르지 않았던 생각이 떠오르기도 하는 것이다. 아무 생각 없이 멍하게 있으면 사용하지 않는 뇌 부위를 건강하게 할 수 있다는 말이다.

최근 '명상'이 기업가들 사이에서 화제가 되고 있다. 스티브 잡스Steve Jobs 같은 일류 경영자들이 즐겨 해서 주목을 받았는데, 명상으로 생각이 없어지면 오히려 뇌가 균형 있게 작용한다고 볼 수 있다.

참고로 멍하게 있는 것과 잠자는 것은 다르다. 몇 분 동안 가만히 눈을 감고 있거나 촛불을 바라보면서 의식을 '무無'의 상태로 만드는 것이 '멍하다'의 뜻이다.

핵심 처방전

영감이 필요하거나 신선한 아이디어를 내야 할 때, 기획을 생각해야 할 때 아무 생각도 하지 말고 멍하게 있는 시간을 가져보자.

11

효율을 극적으로 높이는
수면법

연/구/결/과

20~30분 동안 잠자는 마이크로 수면으로
능력이 수면 전보다
34퍼센트 향상된다.

· · ·

미국 항공우주국NASA 마크 로즈킨드Mark Rosekind 연구팀

현대인은 모두 이런저런 이유로 바빠서 '빨리 자야지'라고 생각해도 여러 가지 일정이 있거나 밀린 업무 때문에 마음대로 되지 않는다. 또한, 잠을 잤는데도 점심시간이 지날 무렵부터 졸음이 밀려온다.

점심을 뚝딱 해치우고 갑자기 혈당이 높아지면 졸음이 온다는 말도 있지만, 사실 인간의 뇌는 점심을 먹든 안 먹든 상관없

이 오후 2시 정도부터 졸음이 오게 되어 있다. 그래서 낮에 졸음이 오는 것은 어느 정도는 생리 현상이라 어쩔 수 없다.

최고로 졸릴 때 순간적으로 의식이 날아가 고개를 '꾸벅'한 경험이 있을 것이다. 그것을 '순간 수면' 또는 '마이크로 수면 Microsleep'이라고 부르는데, 이런 수면이 인간의 뇌에 매우 중요하다는 것이 연구를 통해 밝혀졌다.

'마이크로 수면'으로
뇌를 리셋한다

그렇게 '꾸벅'하는 순간에 우리의 뇌 속에서 무슨 일이 일어나고 있는지 먼저 설명하겠다.

언어, 기억, 사고 등 인간다운 행동을 관리하는 것이 뇌의 '대뇌피질'이라는 부분이다. 이곳이 피곤해서 기능이 떨어지면 졸린 상태가 된다. 이 기능을 재충전하기 위해 순간적으로 잠이 들게 해서 뇌를 쉬게 하려는 신체 작용이 바로 '꾸벅'의 정체다.

과열된 뇌를 식혀서 세로토닌과 도파민 분비를 정상 수준으로 되돌리는 것이다. 낮잠에 대한 부정적인 의견이 있을 수도 있지만, 뇌를 리셋하고 효율을 높이려면 필요한 행위다.

NASA도 이 연구를 진행하고 있다. 마크 로즈킨드 연구팀에 따르면, 우주 비행사들을 조종실에서 평균 26분 동안 낮잠을 자게 했더니 이들의 능력이 수면 전과 비교해서 34퍼센트나 향상됐다고 한다.

이런 다양한 연구 결과를 받아들여서인지 일본의 후생노동성에서도 낮잠을 권장하고 있고 낮잠을 제도화해서 도입한 회사도 있다.

여러 가지 이유로 잠이 부족해지기 쉬운 현대의 우리 생활에서 마이크로 수면이나 낮잠은 효율을 높일 수 있는 큰 무기가 된다.

지칠 때는 점심 식사를 조금 일찍 끝내고 책상에 엎드려서 20~30분 정도 낮잠을 자면 어떨까?

나도 주로 앉아서 일하는데, 전철을 타고 이동할 때나 책상, 소파 등을 발견하면 적극적으로 낮잠 자는 시간을 가지려고 한다.

실제로 해보면 알겠지만, 정말 효율이 높아진다.

참고로 30분 이상의 수면은 오히려 졸음이나 몸을 처지게 하는 나른함이 사라지지 않아서 효율이 떨어진다는 연구 결과가 있으니, 낮잠을 오랜 시간 자지 않도록 주의하자.

핵심 처방전

일이 바빠 피로가 쌓였을 때는 점심시간이나 전철을 타고 이동할 때를 이용해 20~30분이라도 짧은 '마이크로 수면'을 하자.

12

의욕을 지속시키는
목표 설정 방법

연/구/결/과

'성공 경험'으로 동기부여를 하고,
'공개 선언'으로 나를 지지해주는 동료를 늘린다.

• • •

과학사회학을 확립한 로버트 머튼Robert Merton,
사회심리학의 창설자 쿠르트 레빈Kurt Lewin 연구팀

'요새는 정말 좋은 일이 하나도 없어.'

'지루해.'

'일이 안 풀려서 답답해.'

이런 식으로 고민을 끌어안고 있으면, 만족스럽지 않은 감정
이 쌓여서 점점 맥이 빠지게 된다. 분명히 노력하고 있는데 도
대체 뭐가 잘못된 건지 모르겠다…….

그럴 때 추천하고 싶은 방법이 '성공 경험 쌓기'다.

간단한 것이라도 좋으니 자기가 반드시 이룰 수 있는 일을 목표로 정해서 그것을 제대로 실현(목표 달성)하는 것이다.

'성공 경험'은 쾌락에 영향을 미치는 뇌의 물질인 도파민이 분비되도록 촉진하고 활기를 돋우는 가장 좋은 방법이다.

무언가를 성공한 경험은 원하는 학교에 합격하거나, 일하고 싶은 회사에 입사하거나, 회사에서 승진하는 등 큰 성취가 아니라도 괜찮다.

그렇게 대단한 목표가 아니라도, 사람은 스스로 설정한 목표를 달성하면 만족한다. 오히려 너무 높은 목표를 설정하면 목표와 현실 사이의 격차가 커서 우울해지는 원인이 되기도 한다. 일단 고생하지 않고 이룰 수 있는 목표를 설정해서 작은 성공 경험을 쌓는 일부터 시작하면 된다.

- 하루에 한 가지 착한 일 하기
- 한 번에 기획안 통과하기
- 가족에게 내가 지은 밥 맛있다는 말 듣기
- 내일 아침에는 한 번 깨면 다시 잠들지 않기

이처럼 정말 사소한 목표라도 좋다. 이런 성공 경험을 쌓으면 활력이 생기고 점점 큰 목표를 이룰 수 있다.

"나는 반드시 잘될 것이다"
목표를 구체화한 후 상상하기

그렇다면, '창업해서 ○○사업을 하고 싶다', '××프로젝트를 성공시키고 싶다' 같은 큰 목표를 이루기 위해서는 어떻게 하면 좋을까? 다음과 같은 방법이 효과적이다.

① 직장 동료, 친구 등 가까운 사람에게 목표를 말한다.
② 종이에 써서 벽에 붙여두고 자주 본다.

미국의 사회학자 로버트 머튼이 주장한 '자기충족적 예언Self-fulfilling prophecy'이라는 현상이 있다. 로버트 머튼은 이것을 '맨 처음 상황에 대한 잘못된 규정이 새로운 행동을 불러일으키고, 그행동이 잘못된 생각을 진실로 만드는 일'이라고 정의했다.

쉽게 말하면, '잘못된 예언이라고 해도 사람들이 그것을 믿음으로써 예언이 실현된다'라는 뜻이다. 언뜻 보기에 부정적인 의미지만, 이 효과는 긍정적으로 바꿀 수 있다.

즉, 확실하게 목표를 세우면 '그렇게 되면 좋겠어'라고 막연하게 생각하고 있을 때보다 더 노력하게 되고, 도와줄 수 있는 사람이 목표를 알게 된 후에 도와준다면 목표를 정말 달성할 수 있게 된다는 말이다.

이와 관련해, 독일의 사회심리학자 쿠르트 레빈의 연구 등으로 유명한 '공개 선언 효과Public Commitment Effect'가 있다. 매우 간단하게 말하면, 사람은 다른 사람 앞에서 밝힌 자신의 말과 행동에 모순되지 않도록 행동하려고 한다는 것이다.

에모리대학의 앤드루 프랜시스Andrew Francis와 휴고 미아론Hugo Mialon이 미국인 약 3천 명을 대상으로 연구한 결과에 따르면, 결혼식 하객이 많은 커플일수록 이혼할 확률이 낮다고 한다.

'많은 사람 앞에서 말했으니 쉽게 무를 수 없다'라는 뜻이지만, 참석자가 많다는 것은 '힘들 때 그만큼 도와줄 사람이 있다'라는 뜻이기도 하다. 그러니, 더더욱 자신의 목표를 다른 사람에게 알리고 나를 응원하는 동료를 늘리자.

목표가 꼭 하나일 필요는 없다. 당장 달성의 기쁨을 느낄 수 있는 단기 목표와 장기 목표를 여러 개 설정해서(하버드대학 버러스 프레더릭 스키너Burrhus Frederic Skinner의 연구) 종이에 써서 붙이고, 친구에게 진행 상황을 이야기하면 좋다(도미니칸대학 게일 매튜스Gail Matthews 연구팀).

➕ 핵심 처방전 ➕

의욕을 지속시키려면 '성공 경험'을 쌓을 수 있는 목표 설정부터 한 다음에, 나의 목표를 '공개 선언'해서 응원해주는 동료를 만들자.

⟨ **13** ⟩

집중력이
떨어질 때

연/구/결/과

시간을 재면서, '앞으로 ○분!'이라고
목표 시간을 확인하며 일한다.

· · ·

이화학연구소 미즈노 게이水野敬 연구팀

지루한 수업. 유난히 업무에 치이는 긴 하루. 그래도 초반에는
아직 남아 있던 활기가 중반부터 갑자기 떨어지고 졸음이 오
기 시작한다.

하지만 이상하게도 일이 끝나기까지 앞으로 5분이라는 것을
알게 된 순간, 졸음도 피로도 사라지고 괜히 기운이 나지 않는
가?

마라톤도 마찬가지다. 길고 힘든 여정에 마음이 꺾이기도 하지만 도착점이 보이는 순간 갑자기 힘이 솟는다. 그리고 마지막 힘을 끌어올려 막판 스퍼트! 마치, '어디에 그런 힘이 남아 있었지?' 의문이 드는 힘이 생기기도 한다.

이런 수수께끼를 풀어준 것이 이화학연구소의 미즈노 게이 연구팀이다. 실험 대상자들에게 45분 동안 숫자를 얼마나 기억하는지 확인하는 작업을 시킨 후, 그동안의 뇌 활동을 관찰했다. 작업을 시작하고 어느 정도 시간이 지나자, 의욕을 조절하는 것으로 알려진 뇌의 측좌핵 활동이 둔해지기 시작했다.

그런데, '남은 시간'을 실험 대상자들에게 알렸더니 보상을 느끼면 반응하는 뇌 부분의 활동이 활발해지고, 피로를 느끼면 반응하는 뇌 부분의 활동이 둔해졌다.

즉, 보상을 느끼면 의욕이 증가하고 피로도 느끼지 않게 된다는 것이다. 작업의 목표 지점이 보이면 도파민이 나온다는 연구 결과와도 연결된다.

나도 대학에서 강의할 때 항상 "앞으로 10분 남았습니다!"라고 말하려고 한다. 그러면 학생들의 얼굴에 활기가 되살아난다. 의욕을 잃고 책상에 엎드리는 학생도 없어진다. 내가 하는 가라테에서도 1분 혹은 2분 동안 하는 스파링 막판에 "마지막 10초!"라는 말을 들으면, 막판 스퍼트를 위한 기력이 솟는다.

일상생활에서도 일을 질질 끌지 말고 각 작업에서 목표로 하는 종료 시각을 정해 시간을 재면서 하자.

예를 들어, 공부를 한다면 55분 동안 집중하고 5분 휴식하는 '60분 사이클'을 만드는 식이다. 끝나기 10분 전이나 5분 전에 타이머가 울리도록 '남은 시간'을 의식하면서 막판에 한층 더 힘을 낸다.

원래 공부에 재능이 없던 나도 이 방법으로 30년 이상 공부에 몰두하면서 하루하루를 헤쳐나갔다. "효과가 있다!"라고 자신 있게 추천하는 방법이다.

핵심 처방전

잃어버린 집중력을 되찾는 간단한 방법은 작업마다 '시간제한을 두는 것'이다.

14

색의 마술로
마음을 조종한다

연/구/결/과

> 빨간색이나 주황색 아이템을 착용하거나
> 주변에 두면 의욕이 생긴다
> (단, 빨간색은 공격적으로 보일 수 있으니 주의하자).
> ...
> 치체스터대학 이언 그린리스Iain Greenlees 연구팀

중요한 날이나 특별한 날에는 입는 옷에 특히 신경 쓰게 되지 않는가?

실제로 사람은 착용하는 아이템에 따라 의욕을 높일 수 있다.

특히 '색'에 대한 연구는 다양하게 진행되고 있는데, 색채심리학에서는 빨간색이나 주황색이 활기를 돋우는 색으로 알려져 있다.

정신을 바짝 차려야 하는 날에는 빨간색이나 주황색 옷을 입거나 작은 소품을 활용해서 눈에 잘 띄도록 하면 좋다. 매일 정장 차림으로 출근하는 사람이라면 빨간색이나 주황색 넥타이나 손수건, 스마트폰 케이스 등을 활용할 수 있다(나도 주황색 가방을 여러 개 가지고 있고, 이어폰도 주황색이다).

빨간색이나 주황색의 자연을 보는 것도 좋다. 해 질 녘 주황빛으로 물든 아름다운 하늘을 넋 놓고 보는 이유도 심리적인 효과가 크기 때문이라고 생각한다. 다만, '빨간색'을 일상생활에 적용할 때는 주의해야 한다.

색에 따라 사람은 온화해질 수도, 공격적으로 변할 수도 있다

영국 치체스터대학 이언 그린리스 연구팀은 축구를 활용해서 색채 연구를 했다. 페널티킥 상황을 가정하고, 골키퍼 한 명만 유니폼 색깔을 몇 가지 패턴으로 바꾸면서 실험 대상자가 골을 넣을 확률을 관찰하는 실험이었다.

그 결과, 골키퍼가 빨간 유니폼을 입고 있을 때 골 성공률이 다른 색깔 유니폼을 입고 있을 때와 비교해 눈에 띄게 낮다는 사실이 밝혀졌다.

빨간색은 자신이 사용하면 의욕을 높이는 무기가 되지만, 반대의 경우엔 '위압적인 색', '공격적인 색'으로 보일 수도 있다. 정지 신호나 진입 금지 표지판, 경고를 알리는 문장 등도 빨간색인 경우가 많다. 스페인의 투우에서 사용되는 투우사의 망토가 빨간색인 이유도, 관객의 흥분을 부추기기 위한 것이다. 이처럼, 빨간색은 공격성이 강한 색이다.

예를 들어, 자기가 좋아하는 사람이 주로 빨간색 의상을 입는다면 자신을 비추는 태양처럼 보이겠지만, 거북한 상대나 처음 만나는 사람이 빨간색 드레스나 정장을 입고 있으면 자신을 집어삼키려는 마그마처럼 보여서 위축될 것이다.

협상하는 자리나 무거운 비즈니스 자리에 빨간색 옷을 입은 사람이 있다면 위압적으로 나올 가능성이 있으니, 상대의 술수에 빠지지 않도록 조심해야 한다.

상대에게 적대심을 느끼지 않게 하려면 새빨간 색보다는 주황색처럼 따뜻한 색을 활용하는 편이 좋다.

방 안에서는 캔들 테라피를 추천한다.

얼마 전, 난로가 있는 집에 사는 국민이 많은 노르웨이에서 12시간 중 8시간 동안 장작이 타는 모습을 보여주는 특집 프로그램을 방영했는데, 〈뉴욕타임스〉 보도에 따르면 시청률이 무려 20퍼센트를 기록했다고 한다.

신기한 이야기지만, 가만히 촛불을 보고 있으면 복잡했던 머리가 맑아지는 효과와 같이, 주황색 불빛에 치유되는 효과를 얻을 수 있다.

핵심 처방전

중요한 날에는 빨간색이나 주황색 아이템을 활용해서 의욕을 높이자.
단, 빨간색은 공격적인 색이기도 하니, 주의해서 사용해야 한다.

⟨ 15 ⟩

일하기 위한
동기를 유지하려면

⟨ 연/구/결/과 ⟩

사회적인 '의의'보다,
개인적으로 '좋아하는 것'이
더 강력한 동기부여가 된다.

· · ·

예일대학 에이미 브제스니브스키Amy Wrzesniewski 연구팀

만약 당신이 일에 관한 다큐멘터리 방송에 출연했다고 가정하고 "당신에게 일이란 무엇인가요?" 또는 "무엇을 위해 일하시나요?"라는 질문을 받는다면, 뭐라고 대답하겠는가?

예일대학 에이미 브제스니브스키 연구팀이 미국 육군사관학교 생도 총 1만 명 이상을 대상으로 10년에 걸쳐서 지원 동기와 이후 경력을 기록한 결과, 하고 싶은 일을 위한 교양을 쌓

기 위해서, 인류를 위해서, 출세를 위해서 등 '이유가 있는' 사람일수록 장기적으로 봤을 때 결과가 나빠지는 경향을 보였다고 한다.

사관학교라서 '가족이나 나라를 지키고 싶다', '출세하고 싶다'라는 생각으로 들어간 경우가 많다고 생각하는데, 이런 이유만으로는 열정이 지속되지 않을지도 모른다.

그러면 열정을 지속시키려면 어떻게 하면 좋을까?

바로, 자신이 '하고 싶은 일'과 '좋아하는 일'이 일치하면 된다.

당연하다. 내가 좋아하는 일이 직업이 되면 그 이상 행복한 일은 없다. 물론, '그게 안 되니까 힘들지!'라고 생각하는 사람도 많을 것이다.

어떻게 하면 '좋아한다'와 '하고 싶다'를 일치시킬 수 있는지가 중요한 문제다. 전문 용어로 '동기부여'라고 한다.

동기부여에는 '외재적 동기부여'와 '내재적 동기부여'가 있다. 간략하게 구분하면, '나라를 위해서' 같은 이유는 외재적 동기부여, '좋아하니까 한다'의 경우는 내재적 동기부여다.

예를 들어, 공원에서 개미집 관찰하는 것을 무엇보다 좋아하는 수험생이 있다고 해보자. 개미를 바라보고 있는 것만으로 행복하지만, 수험생이기 때문에 공부해야 한다. 이럴 때 어떻게 생각하면 좋을까?

개미를 관찰하고 싶으니까 공부하지 않는 길을 선택할 수도 있고, 아니면 지금은 공부를 열심히 해서 대학에 들어간 다음, 자유로운 시간에 개미를 관찰하는 쪽을 선택할 수도 있다. 무엇보다, 대학에 들어가면 개미학자로서 연구자의 길을 걷는 것도 선택할 수 있다.

직업으로 바꿔서 생각해도 마찬가지다.

개발도상국에 도움이 되는 일을 하고 싶다고 생각했을 때, 바로 사회적 기업가나 NGO 단체의 직원으로 일하는 방법도 있지만, 자신이 지금 놓인 환경이나 잘하는 분야를 살려서 개발도상국을 위한 서비스나 상품을 개발하거나, 다양한 분야의 사람과 협력해서 아이디어를 공유하는 방법도 있다.

중요한 것은 가능한 한 다면적으로 사물을 보고 행동하는 것이다.

뉴욕대학의 헤더 배리 카프스Heather Barry Kappes와 가브리엘레 외팅겐Gabriele Oettingen이라는 심리학자는 이런 연구를 했다.

50명의 학생에게 에세이를 쓰게 했을 때, '상을 타는' 상상을 하면서 에세이를 쓴 실험 대상자는 그렇지 않은 실험 대상자보다 집필 의욕이 떨어지고, 에너지를 전부 쏟아내지 못했다. 또 다른 실험에서는 과제를 '끝냈을 때'를 상상한 후에 쓰게 했더니 그렇지 않은 실험 대상자들과 비교해서 의욕이 떨어지고, 결과 달성도도 낮았다.

즉, 막연하게 큰 목표를 내걸면 의미도 없고, 역효과가 날 수도 있다는 말이다.

원하는 목표를
실현할 수 있게 하는 사고법

그러면 어떻게 하면 좋을까?

가브리엘레 외팅겐과 페터 골위처Peter Gollwitzer는 '정신적 대비Mental Contrasting'라는 방법을 주장하고 권장했다.

인간은 목표 달성을 위해 장애물을 극복할 수 있다는 것을 알면 기운이 나고, 극복하지 못하는 것을 알면 기운이 빠진다. '정신적 대비'란, 실현하고 싶은 미래와 현재의 장애물을 비교해서 어떤 장애물이 있는지 파악한 다음, 실현 가능성을 높이는 쪽으로 활기, 시간, 주의력 등 한정된 자원을 배분해 달성률을 높이는 사고법이다.

즉, 언젠가 좋아하는 일을 하고 싶다는 동기부여와 지금 눈앞에 할 수 있는 일을 꾸준히 해나가는 것이 중요하다는 말이다. 이 두 가지 덕분에 동기부여와 활기를 유지할 수 있다. 그리고, 그 결과 더 큰 목표를 이룰 수 있게 된다.

오늘날 위인으로 불리는 사람들도 처음부터 큰 성공을 거둔 사람보다는 고생한 사람이 더 많다. 그들이 큰 결과를 남길 수 있었던 이유는 어려움에 부딪혔을 때, 어떻게 해결할지를 염두에 두고 삶을 즐기려고 했기 때문이 아니겠는가.

인생은 길다. 건강하게 지내기만 하면 기회는 얼마든지 찾아온다. 지금 상황이 좋지 않더라도 '열심히 해도 안 되면 어쩔 수 없지!'라고 생각하는 편이 훨씬 일하기가 쉬울 것이다.

핵심 처방전

일할 때 계속 동기부여를 하려면 내가 무엇을 좋아하는지를 살펴보고, 목표를 이룰 수 있는 다양한 방법을 고민해보자.

16

자신의 수준을
올바르게 인정한다

연/구/결/과

올바른 자신감을 키우려면
'인지 편향'의 벽을 깨야 한다.
· · ·
코넬대학 데이비드 더닝David Dunning 연구팀

실수를 지적당하거나 남에게 주의 또는 비판을 받거나, 모든 일
이 잘 풀리지 않을 때, 여러분은 어떤 기분이 드는가?

순순히 받아들이기란 쉽지 않다.

'왜냐하면, 그건 방해물이 있었으니까', '내 탓만 있는 건 아
니야' 등 무심코 반대 의견을 내거나 탓을 돌리고 싶어진다. 그
렇게 해서 자신의 자존심과 자아를 지키려는 것이다.

문제가 생겼을 때
우선 나부터 돌아봐야 하는 이유

코넬대학의 데이비드 더닝 연구팀은 오랜 기간 사람의 '인지'에 관한 연구를 해왔다. 그중에서도 데이비드 더닝과 그의 제자 저스틴 크루거Justin Kruger의 이름을 딴 '더닝-크루거 효과Dunning-Kruger effect'가 유명하다.

능력이 낮은 사람일수록 자신의 미숙함이나 타인이 가진 높은 기술을 올바르게 인식할 수 없어서 자신을 과대평가하는 경향이 있다는 것이다.

예를 들면, 일을 잘하지 못하는 사람일수록 자기가 한 것은 생각하지 않은 채 설교를 한다거나, 실수해서 혼나도 자기 잘못이라고 생각하지 않아서 한 귀로 듣고 한 귀로 흘린다. 자기 잘못이나 약점을 인정하면 존재 의의가 흔들리기 때문에 과하게 지키려는 것이 이유일 수도 있다.

이처럼 자신의 소망이나 뇌의 특성 등에 따라 실제 현상과는 다른 방향으로 생각이 향하는 현상을 '인지 편향 Cognitive bias'이라고 한다.

데이비드 더닝 연구팀은 대학생을 대상으로 조사해서 시험에서 낮은 점수를 받는 학생일수록 자기는 더 높은 점수를 받고 있다고 생각하는 경향을 발견하는 등 다양한 연구로 더닝-크루거 효과를 증명했다.

즉, 인간은 누구나 '자신의 능력이 부족하다는 사실을 인정하기는 괴롭다'라는 말이다. 그러다 보니, 많은 사람이 인지 편향의 덫에 빠져 현실을 제대로 보지 못하고 성찰할 기회를 놓친다.

반대로 생각하면, 그래서 자신의 능력이 부족하다는 것을 인정하고 개선하려고 노력하는 사람은 드물고 귀하다고 할 수 있다.

오히려 자신의 약점을 인정하는 것이 큰 기회가 될 수 있다.

요즘 계속해서 일이 잘 안 풀린다면 '부족한 부분은 없었나?', '실수한 부분은 없었나?'라고 먼저 생각해보자.

냉정하고 객관적으로 자신의 행동을 돌아봤지만 '아무리 생각해도 내 잘못은 없다'라는 생각이 든다면, 그땐 다른 사람의 말은 신경 쓰지 않아도 좋다.

하지만, 말투가 나빴다거나 진행 방식이 좋지 않았다거나 개선할 수 있는 점이 있다면 뜻밖에 횡재다. 행동을 바꿔 더 빨리 성장할 기회다.

단, 어디까지나 '객관적으로' 생각해야 한다. 필요 이상으로 비관하지 말자. 제삼자의 눈으로 냉정하게 판단하는 버릇을 들이자.

자문자답하는 습관을 들이면 자신의 행동을 올바르게 평가

할 수 있고, 그 결과 약한 나를 지키기 위한 보여주기식 자신감이 아니라 '올바르게 인식한 후의 자신감'이 생긴다.

무슨 일이든 탓을 하기 전에 자문자답하는 습관을 소중하게 여기길 바란다.

핵심 처방전

문제의 원인이 나에게 있는지 객관적으로 살피는 습관을 들이자.

같은 행동을 반복하면
신경회로가 강화된다

'연습은 실전처럼, 실전은 연습처럼.'

운동선수나 아티스트처럼 '단판 승부'를 짓는 다양한 전문가들이 공통적으로 하는 말이다.

그들은 본 경기나 무대에서도 연습 때처럼 자신의 기량을 발휘하기 위해 정해진 동작, 즉 루틴을 만들어서 실행하고 실전에 임한다.

과학적으로 봐도 적합한 방식으로, 반복해서 같은 행위를 하면 뇌는 그 행동을 하기 위한 신경이 연결되고 회로가 강화된다. 그 행위를 효율적으로 수행하기 위한 신경회로를 만드는 것이다.

예를 들면, 악기를 연습할 때 연주가 잘 되지 않는 부분을 계속 반복해서 연주하면 어느새 그 부분을 연주할 수 있게 된다.

우리가 프레젠테이션이나 거래처 미팅 등에서 실패하는 이유는 단순하다. 실전 때 평소보다 높은 효율을 기대하기 때문이다. 그러나 뇌의 구조를 보면 기대한 만큼 잘 되지 않는 것은 당연하다.

일상에서 업무를 대하는 방식이 그대로 성과로 이어진다.

당신이 영업사원이라면 표정, 발성법, 이야기 진행법 등을 연습해서 거물급 고객을 대할 때만 시도해봐야 소용없다. 어떤 고객이든 항상 같은 태도로 대하지 않으면 실전에서 그 이상의 성과는 낼 수 없다.

행동은 반복하면서 강화된다. 그렇게 생각하면 운동선수에게만 해당되는 이야기가 아니라 모든 사람에게 적용되는 이야기다.

연습도 실전처럼 하는 것이 자기 능력을 기르는 방법 아니겠는가?

3장

번아웃에
빠지지 않기 위해
'하면 안 되는 것'

---

 fake smile   time limit   shout   space out   microsleep

17

홧김에
술을 마시면 안 돼!

연/구/결/과

홧김에 술을 마시면
안 좋은 기억, 불쾌한 감정이
더 강하게 자리 잡는다.

· · ·

도쿄대학 대학원 노무라 히로시野村洋와
마쓰키 노리오松木則夫의 연구

자, 지금까지는 어떤 일을 함으로써 활기 돋우는 방법을 소개했
는데, 인간의 행동은 긍정적인 결과로만 이어지지는 않는다. 어
떤 일을 해서 오히려 부정적인 결과가 나오기도 한다. 그래서
지금부터는 '하지 않아서' 건강해지는 방법을 소개하겠다. 즉,
할수록 활기를 잃는 사고방식과 행동들이다.

먼저 소개할 것은 술에 관한 이야기다.

홧김에 마신 술은
오히려 잊고 싶은 기억을 오래가게 한다

직장에서 힘든 일이 있으면 홧김에 동료나 친구에게 술을 마시자고 하는 사람이 있다.

이것과 관련해서 캘리포니아대학의 쇼햇 오피르Shohat Ophir 연구팀이 한 재미있는 연구가 있다.

연구에 따르면, 암컷에게 차인 수컷 파리는 알코올이 들어간 먹이를 선호했다고 한다. 파리도 홧김에 술을 마신다는 것이다. 그렇게 생각하면 인간이 기분 전환을 위해 술을 마시는 일은 자연스러운 현상일지도 모르겠다.

하지만 이렇게 홧김에 마시는 술은 정말 좋지 않다는 사실이 밝혀졌다.

단순히 같이 술을 마신 사람들에게 평판이 나빠진다는 말이 아니라, 분명하게 자신의 건강을 해치는 결과로 이어지기 때문이다. 사실, 홧김에 마시는 술은 스트레스를 해소하기는커녕 안 좋은 기억을 강화한다.

도쿄대학 대학원 약학계 연구과의 노무라 히로시와 마쓰키 노리오는 쥐에게 전기충격을 주고 알코올을 주사한 뒤 그 쥐가 어떻게 행동하는지 조사하기 위해 실험했다.

알코올을 주입당한 쥐는 전기충격을 잊기는커녕 전기충격에 대한 공포가 커져서 겁에 질렸다.

보통 술을 아주 많이 마시면 기억을 잃을 수도 있다는 사실이 잘 알려져 있으니 홧김에 술을 마시고 잊고 싶다는 마음에서 비롯된 행동이겠지만, 그런 기대와 달리 오히려 기억이 강화된다는 말이다.

뿐만 아니라, 술을 습관적으로 마시면 좋지 않은 기억을 지우는 능력까지 떨어진다는 연구 결과도 있다(국립보건연구원의 앤드루 홈스Andrew Holmes 연구팀).

만약, 매일 홧김에 술을 마신다면 좋지 않은 기억이 선명하게 머릿속에 새겨져서 점점 더 지우기 어려워진다.

뇌를 화이트보드에 비유하면 수성 매직과 전용 지우개를 갖추었던 화이트보드 위에 지우기 힘든 유성 매직으로 내가 잊고 싶은 내용을 쓰는 것과 같고, 전용 지우개도 어디론가 사라져서 손가락으로 문질려서 힘겹게 지울 수밖에 없는 것과 같다. 게다가 내가 잊고 싶은 내용이 적혀 있는 상태가 된다.

그런 상황이 되면 그야말로 지옥이다…….

물론 술 덕분에 인간관계가 원활하게 유지되는 경우도 많다.

술자리는 중요하지만, 마시는 술의 양은 즐겁게 마실 수 있을 정도로 '적당히'를 새기고 바르게 즐겨야 한다.

항상 취할 때까지 마시지 말고, 술 마시는 속도를 지키면서 중간중간 차나 물을 마시거나 적당한 선에서 멈추는 것이 오래도록 술과 즐겁게 어울리는 궁극의 비결이다.

핵심 처방전

횟김에 마신 술은 스트레스를 해소하지도 못할 뿐만 아니라, 안 좋은 기억을 머릿속에 각인시킨다.

〔 18 〕

욕설 금지!

〔연/구/결/과〕

'분노'라는 감정은
사람이나 사물에 풀어도 해소되지 않고,
오히려 더 격한 분노를 불러온다.

· · ·

아이오와대학 브래드 부시먼Brad J. Bushman 연구팀

인터넷 사회라고 불리기 시작한 지 오래지만, SNS처럼 익명으로 댓글을 달 수 있는 곳이 점점 늘고 있다.

평소에는 얌전해 보이지만 인터넷에서는 공격적인 말과 행동을 하는 이른바 '키보드 워리어Keyboard warrior' 같은 사람도 적지 않다. 비판하는 대상이 낯선 타인이라면 더욱 공격적으로 변하고, 그것을 스트레스 해소의 수단으로 삼는다. 당연한 말이지

만, 이런 행동은 반드시 멈춰야 한다.

동핀란드대학의 엘리사 누보넨 Elisa Neuvonen 연구팀이 세상이나 타인을 향해 비판하는 말을 하는 정도를 측정하는 실험을 했다.

이 실험에서는 '사람을 믿을 수 없다'라고 생각하면서 공격적인 말투를 쓰는 사람은 치매에 걸릴 확률이 높다는 결과가 나왔다.

이 책의 앞부분에서 '몸이 움직이고 나서 뇌는 생각한다'라고 말했듯이, 일상생활에서든 인터넷에서든 타인을 욕하는 일을 계속하다 보면 자연스럽게 '욕하는 체질'이 된다.

인격은 일상이 쌓여서 만들어진다. 겉으로만 대충 넘기려고 해도, 평소 '욕하는 버릇'이 있으면 서서히 태도나 분위기로 드러나기 마련이다.

이것과 관련해 아이오와대학의 브래드 부시먼 연구팀이 한 실험이 있다.

이 실험에서는 실험 대상자들에게 '화가 났을 때 샌드백을 때리면 분노를 해소하는 데 효과적'이라는 기사를 읽게 한 뒤 화가 나게 만들고, 그들이 어떤 행동을 하는지 살펴봤다.

그 결과, 샌드백을 때린 실험 대상자들은 샌드백 때리기는 즐겼지만, 분노가 가라앉는 게 아니라 분노의 대상, 나아가서 관계없는 사람에게도 분노를 터트렸다. 즉, 분노를 행동으로 내보내면 분노의 대상은 더욱 넓어진다는 말이다.

따라서, 짜증이 나서 폭언을 퍼붓고 싶을 때는 순간적인 감정으로 행동하지 말고 참아보자. 구체적으로 하고 싶은 말이 있어도 나쁜 말이 아니라 좋은 말로 바꿔서 하려고 해보자.

말이 사람에게 미치는 영향에 관한 스워스모어대학의 심리학자 솔로몬 애쉬Solomon Asch의 유명한 실험이 있다. 어떤 사람을 형용사로 묘사하면서 두 가지 패턴으로 소개할 때, 인상이 얼마나 차이 나는지 조사했다.

① 지적인, 손재주 있는, 부지런한, 따뜻한, 결단력 있는, 행동력 있는, 주의 깊은

② 지적인, 손재주 있는, 부지런한, 차가운, 결단력 있는, 행동력 있는, 주의 깊은

두 패턴 중 어느 쪽 평가가 더 긍정적이었을까?

①번에 대한 평가는 긍정적이었고, ②번에 대한 평가는 부정적이었다. 그러나 두 가지 패턴에서 다른 점은 '따뜻한'과 '차가운'이라는 단어 한 개뿐이다. 그런데도 ②번에 대한 부정적인 평가가 많았다.

가령, 토론 등에서 반대 의견이 있다고 하면 그 의견이 정당

하다고 하더라도, 부정적인 표현이나 남을 욕하는 듯한 뉘앙스를 더하면 괜히 상대의 감정을 자극하게 돼서 대화가 되지 않는다.

분노는 원시 뇌로 알려진 '대뇌변연계'에서 일어나는 작용이지만, 인간은 분노를 조절하는 '대뇌 신피질'이 진화했다. 즉, 인간이기 때문에 분노는 막을 수 있다. 분노의 감정도 대뇌 신피질이 작동할 때까지 시간을 두면 진정된다.

그래서 순간적으로 화내지 않는 것이 무엇보다 중요하다. 화내지 않는 선택지도 있다는 것, 화낼지 말지는 내가 선택할 수 있다는 사실을 항상 염두에 두고 심호흡하며 분노를 가라앉히도록 하자.

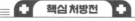

핵심 처방전

화가 날 때는 심호흡을 한 후, 냉정하게 생각해보자.

⸂ **19** ⸃

'부정적인 소용돌이'에
빠지지 말자!

⸂ 연/구/결/과 ⸃

우울할 때일수록
사람은 부정적인 것에 잘 빠져든다.

· · ·

심리학자 장 피아제Jean Piaget의 연구

갑자기 기분이 우울해질 때가 있다.

그럴 때는 기분이 처지는 등 컨디션이 떨어졌다는 사실을 자
각한다. 그리고 여러 가지 부정적인 생각을 하게 된다.

하지만 기분이 가라앉아 있을 때 하는 부정적인 사고는 쓸모
없다. 그러니 의식적으로 부정적인 생각을 떨쳐낼 수 있도록 노
력하자.

부정적인 생각의
고리를 끊어내려면

왜 우울할 때 하는 부정적인 사고는 좋지 않을까?

구체적으로 몹쓸 짓을 하는 것이 '자기도식Self-schema'이다. '도식'이란 심리학자 장 피아제가 주장한 것으로, 단순하게 말하면 행동과 사물을 파악하는 틀이나 체계다. 그리고 그 패턴은 사람마다 다양하다. 자신의 성격, 성질에 관한 지식도 '자기도식'에 포함된다.

'나는 자유를 추구하는 타입'이라거나 '섬세한 일에 서툰 사람'이라는 자기 분석은 그 사람의 자기도식을 보여준다고 할 수 있다. 무언가를 보고 세세한 부분은 생각하지 않은 채 좋다, 나쁘다를 판단할 때도 이런 자기도식이 작용한다.

자기도식으로 정보를 처리할 때, 자기 안에서 하나로 체계화되지 않은 지식을 바탕으로 정보를 처리할 때는 뇌의 처리 속도와 활동하는 부분이 다르다.

물론 지금까지 살면서 축적한 지식으로 사물을 판단하는 것은 결코 나쁜 일은 아니다. 자기도식으로 부정적인 판단을 내리더라도 돌다리를 두드린 후 건너는 일이 되어서 좋은 결과가 나올 수도 있다.

하지만 기분이 우울할 때는 이야기가 다르다.

흔히 전문가들은 '우울한 사람의 자기도식'이라고 말하기도 하는데, 우울한 상태에 빠진 사람은 자신에 관한 부정적인 정보를 자주 떠올리거나, 부정적인 정보를 바탕으로 사물을 파악하는 경향이 뚜렷하게 나타나는 것으로 알려져 있다.

자기도식은 좋은 경험이나 그와 관련된 지식을 바탕으로 긍정적으로 생각할 수 있게 하는 것이지만, 우울할 때는 나쁜 방향으로만 생각하게 된다.

신기하게도 다른 사람에 대해 생각할 때는 그런 경향이 나타나지 않는데 자신에 대해서는 종종 부정적인 일만 떠올리게 되고, 그 일로 점점 더 우울해지는 악순환, 즉 부정적인 마음의 소용돌이에 빠진다.

그러니 지금 기분이 우울해서 부정적인 생각이 드는 사람이라면, 단호하게 부정적인 사고를 끊어내는 것은 무리여도 '지금 내가 부정적인 사고를 하는 이유는 우울한 사람의 자기도식 때문이고, 그렇게 흘러가게끔 되어 있으니 어쩔 수 없어'라고 생각하자.

그럴 때는 되도록 부정적인 분위기의 장소나 물건을 멀리하는 게 좋다.

예를 들어, 인터넷 커뮤니티 게시판이나 비판적인 의견이 모이는 리뷰 사이트, 부정적인 말이나 행동을 하는 사람이 많은 곳이라면 의식적으로 멀어지도록 하자. 어쩔 수 없이 부정적인 사람을 상대해야 할 때는 웃는 얼굴로 넘기고, 이야기의 내용은 듣지 말고, 동조하지도 않는다는 규칙을 정하는 것도 방법이다.

핵심 처방전

내게 도움이 되지 않는 부정적인 장소는 멀리하고, 습관적으로 부정적인 말을 하는 사람과도 거리를 유지하자.

⌒ 20 ⌒

타인의 나쁜 점에
주목하지 말자!

연/구/결/과

'감점법'으로 사람을 보면
계속 짜증이 난다.

• • •

에라스무스대학 더크 반 디렌동크Dirk van Dierendonck와
다안 스탐Daan A. Stam의 연구

인생에서 인간관계에 대한 고민은 빼놓을 수 없다. 특히 상사와
부하, 시어머니와 며느리, 선배와 후배같이 상하 관계가 있는
인간관계에서 문제가 일어난다.

예를 들어 "상사의 갑질에 더는 못 견디겠어"라거나, "부하가
내 말을 듣질 않아" 등 서로 입장이 다르면 의견도 다르기 마련
이고, 사소한 일이 계기가 되어 상대를 싫어하게 된다. 그러다

보면 어느 순간 싫어하는 부분이 많이 보인다.

"말투가 싫어", "먹는 모습이 꼴 보기 싫어", "머리 스타일이 싫어"라는 식으로 상대의 단점만 보다가, 결국 '얼굴도 보기 싫고, 같은 공기를 마시는 것조차 싫은' 상태로 관계가 점점 나빠진다.

인간은 누구나 칭찬을 좋아한다는 사실 기억하기

그런 사태는 어떻게든 피해야 한다.

그래서 우선 알아야 할 것이 '뇌에는 부정적인 정보에서 쉽게 가치를 찾는 경향이 있다'라는 것이다. 이것을 '부정성 편향 **Negativity bias**'이라고 한다. 심리학자 조너선 하이트**Jonathan Haidt**는 자신의 책 《조너선 하이트의 바른 행동》에서 다음과 같이 말했다.

'사람의 마음이란 좋은 일만큼이나 나쁜 일에도 빠르고, 강하게, 끊임없이 반응한다는 사실이 심리학자들에 의해 계속 밝혀지고 있다. 우리의 마음은 위협이나 침해, 실패를 발견하고 반응하도록 설계돼서 사물을 좋게 보려고 해도 간단히 할 수 없다.'

요컨대, 부정적인 정보가 신경 쓰이는 것은 당연하다.

캘리포니아 주립대학 데이비스 캠퍼스의 앨리슨 레저우드 Alison Ledgerwood 연구팀은 실험 참가자를 두 그룹으로 나눠 '새로운 수술법'에 대한 평가를 조사했다.

첫 번째 그룹에는 긍정적으로 "성공률은 70퍼센트입니다"라고 말했고, 다른 그룹에는 "실패율은 30퍼센트입니다"라고 부정적으로 말했다.

그 결과, 첫 번째 그룹은 이 새로운 수술이 좋다고 믿었고, 두 번째 그룹은 좋지 않다고 믿었다.

그다음, 첫 번째 그룹에 "실패율은 30퍼센트"라고 다시 설명했다. 그러자 실험 참가자들은 그 수술이 좋지 않다고 느끼게 되었다. 그리고 처음에 "실패율은 30퍼센트입니다"라는 설명을 들었던 그룹은 "성공률은 70퍼센트"라고 설명해도 의견이 바뀌지 않았다. 즉, 실험 참가자들이 처음에 받았던 수술에 대한 부정적인 인상은 사라지지 않았다.

이런 원리로, 인간은 무심코 부정적인 정보에 주목해서 보게 된다는 사실을 잊어서는 안 된다.

이 사실을 염두에 두고 해결 방법을 생각해보자.

인간관계 문제를 해결하는 방법은 '그 사람의 단점만 보지 않는다'라는 것 외에는 없다. 인간은 내버려두면 그 사람의 싫은 면만 눈에 띄기 때문에, 의식적으로 그 부분에서 눈을 돌려 그 사람의 좋은 점만 보도록 마음먹어야 한다. 백 점짜리 인간은 어디에도 없다.

단점만 보는 '감점법'으로 사람을 싫어하지 말고, 장점을 보는 '가점법'으로 사람을 보면 원활한 관계를 맺을 수 있다.

이것과 관련해 에라스무스대학의 더크 반 디렌동크와 다안 스탐이 한 연구 결과가 있다.

문제를 내고 답을 틀리면 보수가 줄어드는 '감점법'으로 학습시킨 A그룹과 처음부터 보수가 없는 상황에서 학습시킨 B그룹의 데이터를 측정해 수면 후에도 학습한 정보에 대한 기억이 남아 있는 정도를 비교했다.

그 결과, 처음부터 보수가 없는 B그룹의 성적이 더 나은 결과를 보였다.

또한, 심리학자 엘리자베스 헐록Elizabeth B. Hurlock이 한 연구에서는 초등학교 4학년과 6학년 학생들을 세 그룹으로 나눈 후 5일에 걸쳐 계산 문제를 풀게 했다.

① 항상 칭찬만 받는 그룹
② 항상 꾸중만 듣는 그룹
③ 칭찬도 꾸중도 듣지 않는 그룹

결과는 어땠을까?

①번 그룹은 점점 성적이 좋아졌고, ②번 그룹은 조금 성적이 올랐다가 점점 떨어졌으며, ③번 그룹은 별다른 변화가 없었다.

인간에게는 인정 욕구가 있어서 '칭찬을 받으면 성장한다'라는 면은 누구에게나 있다. 칭찬을 싫어하는 사람은 없다.

그래서, 교육할 때 다른 사람과의 관계에서 단점보다 철저하게 좋은 면만 보도록 하는 방향, 자신이 가진 좋은 점을 성장시키는 방향에 대해 고민할 필요가 있다.

핵심 처방전

원활한 인간관계를 유지하고 싶다면 의식적으로 상대의 좋은 점을 보려고 노력하자.

(21)

잘난 척하지
말자!

연/구/결/과

'권력을 가졌다'라는 감각은
공감 능력을 무디게 만든다.

· · ·

윌프리드 로리에대학 제레미 호그빈Jeremy Hogeveen 연구팀

앞에서 성장하기 위해서는 상대의 단점보다는 장점으로 보는 편이 좋다고 말했다. 이것은 간단해 보이면서도 매우 어려운 일이다.

부하 직원과 관계가 좋지 않은 팀장이 있다고 해보자. 단순히 부하 직원의 일머리가 좋지 않아서 스트레스를 받는 것뿐만이 아니라, 뇌 구조도 관련이 있다.

승진하자마자 동기에게 차가워지거나 부하를 엄격하게 대하는 사람을 본 적이 있지 않은가?

옆에서 그런 사람을 보고 있으면 '꼴 보기 싫은 사람이군'이라는 생각이 들 것 같지만, 내가 출세했을 때 똑같이 되지 않는다는 보장은 없다.

| 좋은 리더 = 공감 능력이 뛰어난 사람

캐나다 윌프리드 로리에대학의 제레미 호그빈 연구팀의 연구 결과에 따르면 사람은 자신이 권력을 가졌음을 깨닫는 순간, 타인에 대한 배려심을 잃거나 상대의 처지를 생각할 수 없게 된다고 한다.

어떤 행위를 했을 때, 그리고 타인의 동작을 봤을 때 활발해지는 뇌 부위가 있다. '운동 공명Motor resonance'이라는 뇌의 작용으로, 이것으로 인간은 타인의 행동을 이해하고 다른 사람의 처지나 감정을 헤아릴 수 있다.

제레미 호그빈 연구팀은 실험 대상자를 권력을 가진 경우, 중립의 경우, 권력이 없는 경우로 나눈 다음 고무공 잡는 영상을 보여주고 그에 대한 반응을 확인했는데, 권력을 가진 경우에는 운동 공명이 나타나는 뇌의 기능이 둔해지는 것을 볼 수 있었다.

사람은 원래 다른 사람에게 공감할 수 있는 생명체지만, 자신이 가진 권력을 깨달으면 뇌의 구조 때문에 공감할 수 없게 된다는 말이다. 상대의 기분을 고려할 수 없게 된다.

그것이 높은 사람이 부하 직원에게 하는 불쾌한 말, 갑질, 거만한 태도 등 배려하지 않는 태도와 행동으로 나타나는 것이다.

그러나 뇌의 구조 때문에 어쩔 수 없다는 식으로 생각해서는 안 된다. 권력을 갖자마자 '꼴 보기 싫은 사람'이 된다면, 무엇보다 본인에게도 큰 손해다.

글로벌 리더십 전문 교육기관인 창의적리더십센터의 윌리엄 젠트리William Gentry 연구팀과 캘리포니아 주립대학의 골나즈 사드리Golnaz Sadri 교수가 전 세계 38개국의 관리직 6천여 명을 대상으로 한 공동 조사에 따르면, 리더답게 보이려면 공감 능력이 필수고 리더에게 공감하는 부하일수록 좋은 성과를 낼 수 있다는 결과가 나왔다.

아직까지 뇌에 그런 작용이 있다는 사실만 밝혀졌을 뿐이라서 권력의 덫을 피할 효과적인 방법이 발견되길 기다리고 있지만, 분명한 것은 '조금 출세했다고 우쭐해지면 부하에게 믿음도 잃고 출세할 가능성도 작아진다'라는 것이다.

'킹 가즈King Kazu'라는 별명을 가진 축구 선수 미우라 가즈요시三浦知良를 봐도 초일류인 사람일수록 놀라울 정도로 겸손하다.

그는 50대에도 현역으로 경기에 나가는 선수지만, 겸손하게 상대의 기분을 생각하고 행동한다.

틀림없이, 그런 그의 자세가 자기 자신과 주변 사람에게 활력의 원천이 될 것이다.

핵심 처방전

나이가 들고 권력을 가질수록 겸손해야 주변 사람뿐만 아니라 자신에게
좋다는 사실을 잊지 말자.

22

과거에 집착하면
안 돼!

연/구/결/과

헤어진 연인의 SNS를 확인하는 사람은
인간으로서 성장할 수 없다.

• • •

오하이오 주립대학 제시 폭스Jesse Fox,
하와이대학 로버트 도쿠나가Robert S. Tokunaga 연구팀

인생에는 누구나 거치는 길이 있는데, 그중 하나가 '연애'다. 특히 실연당하면 충격이 크고, 가능하면 다시는 경험하고 싶지 않다.

오하이오 주립대학의 제시 폭스와 하와이대학의 로버트 도쿠나가는 과거 1년 이내에 실연당한 경험이 있고, 상대와 본인 모두 페이스북에 가입한 대학생 431명을 대상으로 상대와 얼

마나 친밀했는지, 헤어진 연인을 대체할 상대를 원하는지, 실연으로 받은 상처는 얼마나 컸는지, 그리고 헤어진 연인이 지내는 모습을 SNS로 얼마나 자주 보는지에 대해 조사했다.

그 결과, 페이스북에서 헤어진 연인이 올린 게시물을 보고 근황이나 인간관계 등을 확인하는 사람일수록 헤어진 연인에 대한 원망이나 미련을 버리지 못하고, 실연으로 다친 마음을 회복한 후 새 취미를 갖는 등 인간적으로 성장하는 모습을 볼 수 없다는 사실을 알아냈다.

즉, 실연으로 무기력해져 있는 기간이 계속되면 그만큼 연애 외의 생활에서도 새로운 단계로 한 걸음 내딛지 못하게 된다는 말이다.

상대에게 이별 통보를 받은 사람일수록 유독 그런 경향이 두드러졌다. 차인 쪽은 좀처럼 회복하지 못하고, 상대에 대한 미련도 버리지 못한다. 종종 듣고, 보는 이야기다.

실제로 그런 상황에 놓인 사람에게는 가혹한 이야기일 수도 있지만, 헤어진 사람과는 인연이 아니었다고 생각하고 빨리 마음을 다잡은 후 다음 단계로 나아가는 것이 중요하다.

잠이 들기 전에 나도 모르게 헤어진 연인의 SNS를 보면서 그 사람의 상황이나 상태를 확인하고 있다면, 우선 그 일을 그만두는 것부터 시작하자.

외국에서는 그런 행동을 '페이스북 스토킹' 등으로 부른다고 한다. (왠지 그렇게 불리는 것만으로도 그런 일을 하기가 망설여지지 않는가?)

연애뿐만 아니라, 이미 끝난 일에 집착하면 할수록 그 일이 머리에서 떠나지 않게 되기 때문에 다른 행동을 해서 나의 의식을 다른 곳으로 돌리자. 새로운 배움, 새로운 만남, 새로운 취미 등, 내게 닥친 이별은 인생에 새로운 바람을 불러일으킬 기회라고 생각하고 행동하자.

연애가 주는 설렘은 뇌에 매우 좋은 자극을 주고 노력하도록 힘을 북돋는다. 이별한 후에는 과거에 얽매이지 말고, 좋은 연애를 통해 삶에 좋은 작용을 일으키자!

핵심 처방전

이별한 후에 헤어진 연인의 SNS를 보는 행동을 반복하면 다음 단계로 나아갈 수 없다.

거울에 나를 비추어보는 것은 중요하다

모두가 우러러보는 부와 명예를 얻은 후에도 남을 돕고, 꺼리는 일에 나서는 등 훌륭한 행동을 하는 사람을 '귀감이 된다'라고 한다.

그런 사람들처럼 자신의 행동을 사회적으로 바람직하게 만드는 간단한 방법은 '거울을 의식해서 생활하는 것'이다.

거리를 걷고 있을 때 문득 자기 모습이 거울이나 쇼윈도에 보이면 그 모습을 확인하게 된다. 이것을 '자아의식'이라고 하는데, 자기 자신에게 향한 의식을 말한다.

이런 '자아의식'이 높아지면 사람은 행동을 발전시키며 살아갈 수 있다.

실제로 거울을 보고 있을 때 뇌의 활동을 보면 다른 사람을 보고 있을 때와는 다른 뇌 영역의 활동이 활발해지는 것을 관찰할 수 있다.

자아의식을 높이는 방법이 한 가지 더 있다.

'타인의 행동을 거울삼아 자아의식을 높이는 것'으로, 즉 타인의 보기 싫은 행동과 모습을 보고 자기의 행동을 더 나아지게 고치는 것이다.

예를 들어, 거리에서 고래고래 소리치거나 지하철에서 다른 사람을 배려하지 않고 다리를 벌려 앉는 사람을 보면 '저런 사람은 되고 싶지 않아'라고 생각할 것이다. 인간은 그렇게 자아의식을 높여서 성장을 거듭한다.

자아의식에 관한 재미있는 실험을 소개하겠다.

하버드대학 베스 이스라엘 디커니스 메디컬센터BIDMC의 키넌Keenan 연구팀의 얼굴을 이용한 실험이다.

이 실험에서는 유명인의 얼굴에서 점점 자신의 얼굴에 가까워지는 동영상을 보여주고, 동영상 속 얼굴이 자기 얼굴이라는 것을 깨달은 시점에 동영상을 멈추게 했다. 그때 오른손이 반응하는 경우보다 왼손이 반응하는 경우가 인식이 빨랐다고 한다.

이런 현상은 자아의식이 우뇌와 깊은 관련이 있기 때문인데, 우뇌에 연결된 왼손을 사용하면 우뇌의 움직임이 더 활발해진다.

우뇌를 사용하면 긍정적으로 생각할 수 있고, 건강과 관련된 효과를 얻을 수 있다고 한다.

키넌 연구팀의 연구 결과를 생각하면서, 오른손잡이인 사람이 왼손을 의식해서 생활하면 자아의식을 높이는 데 도움이 될 수도 있다.

4장

☑

마음을 평온하게
정돈하는 방법 8가지

fake smile　　time limit　　shout　　space out　　microsleep

23

마음이
복잡할 때

연/구/결/과

푸른 하늘을 올려다보면,
첫째, 하늘색이 신경을 차분하게 만들고
둘째, 바른 자세가 돼서 감정이 정돈된다.

· · ·

오사카 공립대학 미즈노 게이 연구팀

앞에서 '하면 안 되는' 행동을 소개했는데, 이번 장에서는 '심신 안정'과 '긴장 이완'을 주제로 부정적인 마음을 가다듬는 방법, 스트레스 적게 받는 방법을 알아보자. 먼저 첫 번째 방법이다.

여러분은 매일 하늘을 올려다보는가?

건강한 정신을 위해서는 하늘을 보는 것이 매우 중요하다. 하늘을 보는 것과 하늘을 올려다보는 동작이 활기를 북돋는다.

하늘을 보는 것만으로
기분이 한결 나아진다

맑게 갠 하늘이 가장 좋지만, 기본적으로 하늘에는 치유 효과가 있다. 오사카 공립대학 건강과학 이노베이션센터의 미즈노 게이 연구팀의 실험에 따르면, 몸과 마음이 안정되는 느낌을 주는 이미지가 작업 중에 쌓인 피로 해소에 도움을 주고, 집중력이나 능률이 떨어지는 것을 막을 수 있다고 한다.

또한, 색채학에서는 맑은 하늘의 푸른색을 '신경을 안정시키는 색'이라고 한다. 푸른 바다를 보고 있어도 역시 마음이 차분해진다.

실제로 보는 게 가장 좋겠지만 이미지를 보기만 해도 치유 효과가 있다는 사실이 증명되었다는 말이다.

하늘이 흐리거나 비가 계속 오는 날씨라면 볼리비아의 우유니 사막이나 호주의 세계 최고 산호초 지대, 그레이트 배리어리프 Great Barrier Reef 등 아름다운 물빛이 담긴 사진을 보는 것도 좋다 (참고로 나는 하와이에 2년 정도 산 적이 있어서, 하와이의 바다나 하늘 이미지를 종종 본다). 하지만 역시 사진이 아니라 실제 하늘을 올려다보면 더 좋은 효과를 얻을 수 있다.

'하늘을 올려다보는 동작'이 포인트다.

위를 올려다보면 자연스럽게 가슴이 팽팽하게 당겨지는 자세를 취하게 된다. 앞에서 이야기했듯이 가슴을 편 자세는 스트레스에 대한 저항력을 높이는 효과가 있다.

마드리드 자치대학의 파블로 브리뇰Pablo Briñol 연구팀은 대학생 71명을 가슴을 편 자세의 그룹과 등을 구부려 움츠린 자세의 그룹으로 나누고 각각 자신의 장단점을 말하게 했다. 그 결과, 가슴을 편 자세를 한 그룹이 더 강한 자신감을 가진 것으로 나타났다.

즉, 하루에 몇 번씩 하늘을 올려다보는 습관을 들이면 자연스럽게 자세도 좋아진다. 게다가 하늘의 아름다운 푸른색으로 기운도 난다.

"하늘을 올려다보면 자신감이 넘치고, 신경이 안정되며, 바른 자세가 돼서 어깨 통증도 줄어들고, 기초 대사량도 올라가서 서 있는 자세도 아름다워 보인다."

이런 말을 들으면 당장 시도해보고 싶지 않은가?

이와 관련해, 경영자 중에는 긍정적인 사람이 많다는 인상을 받는다. 매일 어려운 결정을 내려야 하고 무슨 일이 생기면 모든 책임을 져야 하는 혹독한 중압감과 마주하면서 어떻게 긍정적인 태도를 유지할 수 있을까?

흥미로운 점은 그런 사람들은 꽤 높은 비율로 '해님이 있다'

라고 말한다. 즉, 하늘을 보고 '해님이 지켜주고 있구나'라는 것을 마음의 버팀목으로 삼는다는 것이다. 하늘이나 태양에는 인간을 끌어당기는 힘이 있는 것 같다.

둥실 떠 있는 구름, 천천히 흘러가는 구름을 보는 것도 좋다. 멍한 상태에 가까워져서 사용하지 않는 뇌가 활성화되고 머릿속이 정리된다.

핵심 처방전

마음속이 복잡할 때일수록 우선 하늘을 올려다보자.

24

마음에 여유가
없을 때

연/구/결/과

천천히 차를 우리면서
'아무것도 하지 않는 시간'을 만들면,
뇌가 리셋되고 마음이 평온해진다.

· · ·

메이지대학 홋타 슈고堀田秀吾의 추천

바쁜 현대인은 '가만히 있을 틈이 없어!', '바빠서 미칠 것 같아!', '밥 먹을 시간도 없어!', '전혀 여유가 없어!' 같은 상황에 부딪히는 일도 드물지 않을 것이다. 여유가 없어지면 자기도 모르게 타인에게 모질게 대하거나 일이 잘 안 풀리면 화를 내는 등 악순환에 갇히기 쉽다.

그럴 때 그 악순환의 고리를 끊고 빠져나오는 방법을 하나

제안하려고 한다.

바로 '천천히 차 우리기'다.

포인트는 '천천히', '스스로 우리는 것'이다.

녹차나 홍차, 커피 등에는 여러모로 건강에 좋은 효과가 있다고 알려져 있는데, 마음의 여유를 되찾으려면 '차 우리는 시간'이 중요하다.

'아무것도 하지 않는 시간'을 만들어 자율신경을 정돈한다

자율신경이 흐트러지는 사람은 바쁜 상황에 놓일 때가 많은데, 그렇게 되면 물리적으로 시간이 없는 것을 넘어 뇌가 긴장감을 느끼고 머리가 푹푹 찌는 것처럼 과열된 느낌까지 받는 경우가 종종 있다.

물리적으로 바쁜 상황은 실제로 일을 끝낼 수밖에 없지만, 정신적으로 바쁜 경우는 일단 리셋할 수 있다.

그 방법이 커피를 내려 마시거나, 천천히 차를 우리는 것이다.

하버드 의과대학 데이비드 바고David R. Vago와 웨이크 포레스트 의과대학 파델 자이단Fadel Zeidan에 따르면, 뇌가 온전히 쉬는 일은 없으며 무언가 한 가지 가벼운 작업에 집중했을 때 뇌의 '휴식'으로 이어진다고 한다. 명상이나, 요즘 유행하는 마음챙김 등이 바로 그런 행위다.

즉, 다른 어떤 일도 하지 않는 상태를 일부러 만드는 것이 좋은데, 차를 천천히 우리면 뇌가 쉬는 상태가 될 수 있다는 것이다.

꼭 제대로 된 찻잎이나 원두를 갖출 필요는 없다. 티백을 뜨거운 물에 넣고 기다리기만 해도 좋다. 이 정도라면 직장 같은 곳에서도 할 수 있을 것이다. 물론, 좋은 차는 향기도 좋고 건강에도 좋고 심신 안정 효과도 높아지고 기분도 고양되기 때문에, 마음먹고 고급 찻잎을 구매해도 괜찮다.

중요한 점은 커피를 내리거나 차를 우리는 동안 다른 일을 하지 않고 가만히 기다리는 것이다.

내가 추천하는 방법은 허브차 등을 우리는 동안 모래시계를 준비해서 떨어지는 모래를 보는 것이다. 그냥 기다리려고 하면 뇌가 '기다려야 한다는 압박감'을 느낄 수도 있지만, 모래시계가 있으면 모래시계 보는 것에 집중할 수 있어서 느긋하게 기다릴 수 있다.

앞에서 말했듯이, 인간은 긴장하고 있을 때보다 멍하게 있을 때 뇌가 더 활발해져서 실수가 적어지고 아이디어도 잘 떠오른다는 연구 결과가 있다. 나 자신을 위해서, 하루 중에 아무것도 하지 않고 멍하게 있는 시간을 만들어보자.

덧붙여 외출할 때는 차를 우릴 수가 없으니, 따뜻한 음료수를 사서 그 음료수가 마시기 적당한 온도로 내려갈 때까지 양손으로 가만히 잡고 멍하게 기다리는 방법도 있다.

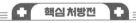
핵심 처방전

너무 바빠서 전혀 여유가 없을 때일수록 커피를 내리거나 차를 우리면서 '아무것도 하지 않는 시간'을 갖자.

25

스트레스가
쌓였을 때

연/구/결/과

가만히 향긋한 커피 원두의 향기를 맡으면
기분이 좋아진다.

. . .

서울대학 서한석 연구팀

업무나 집안일 등을 집중해서 한 뒤 '한숨 돌리고 싶은데'라는 기분일 때 추천하는 방법이 '커피'와 관련된 것이다.

커피를 마시면서 휴식을 취하는 사람은 이미 많아서 새삼스럽게 말한다고 할 수도 있지만, '어째서' 커피인지, 커피의 '무엇이' 좋은지가 중요하다.

예를 들어, 회사에서 잠깐 휴식 시간이 생기면 우선 커피를 사 오자. 최근에는 편의점에서도 맛있는 커피를 살 수 있다. 포인트는 제대로 향이 나는 커피를 사는 것이다. 커피 원두가 가진 향에 놀라운 효능이 있기 때문이다.

커피 원두의 향은 수면 부족과 피로의 원인으로 알려진 '활성산소'가 파괴한 뇌세포를 회복시키는 효과가 있다는 연구 결과가 있다. 서울대 서한석 연구팀의 실험을 보자.

① 정상인 쥐
② 24시간 동안 잠자지 않은 상태의 쥐

이렇게 각각 상태가 다른 쥐를 대상으로 커피 원두의 향을 맡게 한 다음에 쥐의 뇌 상태를 조사했다. 그러자 수면 부족 상태인 ②번 쥐에서 감소했던 스트레스 보호 물질이 부분적이지만 회복되는 모습을 보였다고 한다.

다시 말해서, 커피 원두의 향이 스트레스를 감소시키는 효과가 있음이 증명되었다는 것이다.

피곤할 때 '카페인'의 효과를 기대하고 커피를 마시는 사람이 많다. 그런 습관이 있는 사람은 향을 맡으면 산뜻한 기분이 드는 듯한 믿음 때문에 플라시보 효과Placebo effect까지 기대할지도 모른다.

하지만 이 실험은 쥐를 대상으로 했다. 동물에게 '카페인으로 산뜻해진다'라는 믿음이 작용했다고는 생각하기 어려우니, 정말로 커피 원두 향이 생물의 신체에 작용하는 효과가 있다고 추측해볼 수 있다.

또한, 오클라호마 주립대학의 로버트 배런Robert A. Baron이 한 연구에 따르면, 대형 쇼핑몰 안을 돌아다니면서 볶은 커피 원두나 시나몬 빵이나 쿠키 냄새를 맡으면 지폐를 잔돈으로 바꿔달라는 번거로운 부탁을 받아도 흔쾌히 받아주는 등 사람들이 친절해진다는 결과가 나왔다.

커피 원두처럼 좋은 향을 맡으면 인간은 그만큼 기분이 좋아지고, 그 감정이 사람을 돕고 싶다는 행동으로 나온다고 한다.

커피를 마시지 않아도 다른 향기로 심신 안정 효과를 기대할 수 있다는 뜻이다. 예컨대, 커피 원두를 사서 향만 맡는 방법도 있다.

천천히, 차분하게 향기를 맡고, 한숨을 돌린다. 그러면 혼란스러웠던 머릿속이 맑아질 것이다.

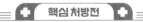

핵심 처방전

스트레스가 쌓였을 때는 좋아하는 커피 원두를 사서 한 번씩 향기를 맡아보자.

26

피곤한데
잠이 안 올 때

연/구/결/과

한 번 숨을 쉴 때
20초 정도 심호흡을 해서
뇌에 '쉬어도 된다'라는 신호를 보낸다.
…

도호대학 의학부 후모토 마사키麓正樹 연구팀

여러 가지 스트레스가 많은 현대사회. '피곤한데 잠이 안 와!'라는 사람도 많을 것이다.

원인은 '자율신경'이 흐트러진 것이다.

불규칙한 생활이나 인간관계 문제로 자율신경이 흐트러지면 불면, 불안, 컨디션이 떨어지는 증상이 나타난다. 하지만 그런 증상이 나타나는 원인은 생활 속에 깊이 파고들어 있어서 '자율신경이 흐트러졌으니 규칙적인 생활을 하자', '사이가 나쁜 상사가 있으면 이직하면 되는 거 아냐?' 같은 식으로 쉽게 바꿀 수 없다.

그럴 때는 매일 하는 습관으로 신경을 정돈하는 것이 현실적인 방법이다. 바로, '심호흡'과 관련된 것이다.

마음을 가다듬는 가장 간단한 방법

심호흡이 긴장이나 스트레스 정도를 낮추는 데 효과적이라는 사실을 보여주는 실험은 셀 수 없을 만큼 많다. 스트레스를 관리하는 코르티솔 호르몬이 감소하거나 심박수가 떨어지거나 뇌파가 변하는 등 모든 실험에서 증명됐다.

도호대학 의학부 후모토 마사키 연구팀은 실험 대상자에게 1분에 3~4회 정도 심호흡을 하게 했다. 그랬더니, 심신이 안정된 상태를 나타내는 알파파가 증가했고, 감정을 관리하는 대뇌피질의 활동이 약해지는 조짐이 나타났다고 한다.

즉, 심호흡으로 뇌가 진정되고 긴장이 풀린 상태가 된 것이다. 심호흡은 천천히 숨을 들이마시고 20초에 걸쳐서 천천히 숨을 내쉬면 된다. 공기를 다 내보낸다는 느낌이다. 한 번, 두 번 심호흡하다 보면 마음이 차분해지는 느낌이 들 것이다.

바쁜 상태가 계속되면 뇌가 패닉을 일으켜서 활성화된 채로 하루를 보내게 된다. 그럴 때는, '지금은 쉬어야 할 때야'라고 강제로 휴식을 취하는 감각을 뇌에 전달해야 하는데, 심호흡이 딱 맞는 방법이다.

운동선수들도 가장 중요한 시합 전에는 크게 숨을 쉬는데, 이 것 역시 마음을 가다듬는 데 효과가 있기 때문이다.

나는 가라테를 시작하고 마무리할 때 정좌하고 묵상을 한다. 눈을 감고 아주 천천히 숨을 들이마시고 내쉬면서 호흡을 가다 듬는다. 이렇게 하면서 격렬한 운동을 하기 전과 후의 마음 상 태를 정돈하는 것이다.

자기 전에도 심호흡한다. 매일 하루를 마무리하는 의식처럼 하다 보면 심호흡이 심신 안정을 돕는 스위치가 되어서 순식간 에 잠들 수 있다.

단, 주의할 점이 하나 있다. '매일 심호흡하는 시간을 만들어 야 해'라고 너무 힘을 주고 생각하는 것도 문제다.

초조함과 긴장감을 잘 느끼는 사람일수록 심호흡은 효과가 있지만, 초조함과 긴장감은 '○○을 해야 해'라는 마음에서 나온 다. 일처럼 '꼭 해야 하는 것'이라는 의식을 최대한 갖지 말고, 아주 천천히, 크게 숨을 들이마시고 천천히 내쉬자.

숨을 들이마신 후 4, 5초 정도 숨을 멈추면 더욱 좋다.

숨을 쉬고 있을 뿐인데 자연스럽게 심호흡할 수 있다면, 아주 잠깐이지만 분명히 평소 집착하던 것에서 해방되는 순간을 맛볼 수 있다.

나는 무언가 답답한 일이 있을 때도 심호흡한다. 그것만으로도 굉장히 마음이 안정되고, 이제는 심호흡하는 것이 습관이 되어서 내게는 '리셋 스위치'다. 여러분도 나와 같이 리셋 스위치를 만들어보자.

핵심 처방전

피곤한데 잠이 오지 않을 때, 자율신경이 흐트러져 불면, 불안, 컨디션이 떨어지는 증상이 나타날 때 심호흡으로 신경을 정돈하자.

27

막연한 불안이
사라지지 않을 때

(연/구/결/과)

마음이 심란하고 답답할 때는
우선 '불안의 원인'을 찾고,
'해야 할 일'을 분명하게 알면 진정된다.
...
프린스턴대학 대니얼 카너먼Daniel Kahneman 연구팀

인간을 행동하게 만드는 가장 큰 원리가 '불안'이다. 이 사실은 옛날 고대시대부터 현재까지 바뀌지 않았다.

　예컨대 물건을 살 때 물건 판매 순위나 후기를 보거나 유명한 브랜드 제품을 선택하는 사람이 많다. 또는 많은 사람이 모이는 술자리보다 항상 함께 즐기는 사람끼리 모이는 술자리를 선호하는 것도 마찬가지다.

불안하기 때문에 되도록 모험을 하지 않고 안전한 길을 선택하려는 심리 때문이다.

불안은 원래 위험을 예측해서 행동하기 위한 본능이라고 생각한다. 불안이 있기에 인간은 지금까지 살아남을 수 있었다. 그래서 뇌는 내버려둬도 마음대로 불안해지는 습성이 있다.

무엇이 나를 불안하게 하는가?

'불안한 것은 뇌 때문'이라고 생각하면 마음이 편해지겠지만, 그렇다고 하더라도 불안을 방치해서는 안 된다. 앞으로도 오랫동안 함께해야 하는 만큼 '불안'에 대해 잘 알아둬야 한다.

먼저, 불안의 원인이 무엇인지를 분석해서 밝히는 것이 중요하다.

많은 사람이 막연한 불안을 느끼지만, 도대체 무엇이 불안하게 만드는지까지는 알지 못하는 경우가 많다. 유명한 소설가 아쿠타가와 류노스케芥川龍之介도 유서에 이런 말을 남겼다.

'자살한 사람이 자신의 심리를 있는 그대로 쓴 경우는 아직 없다. 나는 너에게 보내는 마지막 편지에 이 심리를 분명하게

전하고 싶다. (중략) 나는 그저 희미한 불안이다. 내 미래에 대한 그저 희미한 불안이다.'

아쿠타가와가 '희미한 불안'이라고 표현한 '원인을 알 수 없는 막연한 불안'은 당사자는 발견하기 어려운 스텔스(레이더가 탐지하기 어렵게 하는 기술)형 스트레스다. 이런 스트레스는 사람에게서 점점 활기를 앗아간다.

예를 들어, '미래가 불안하다'라고 말할 때 일에 관한 이야기인지, 돈 이야기인지, 배우자가 없어서 불안한 건지, 아니면 나의 상황은 크게 달라지지 않았지만 다른 정치적인 부분이 신경쓰이는 건지, 여러 가지가 얽힌 복합적인 문제인지 등 불안의 종류에도 다양한 형태가 있다. 그것을 분명하게 찾는 것이 불안과 능숙하게 지내기 위한 첫걸음이다.

지금 직장에서 버는 돈이 충분하지 않아서 불안하지만, 조건이 좋은 직장으로 옮기는 일이 쉽지 않은 상황이라고 해보자. 이런 상황은 바로 해결할 수는 없지만, 돈이 원인이란 것을 확실하게 알고 나면 해야 할 일이 분명해진다.

월급을 올리기 위해 노력하거나 좀 더 좋은 조건의 직장 찾기, 좋은 직장으로 이직할 수 있도록 성과 올리기, 남는 시간에 아르바이트 시작하기 등의 선택지를 떠올릴 수 있다. 해야 할 일을 명확하게 하지 않으면 불안은 점점 커진다.

또한, 프린스턴대학의 대니얼 카너먼과 앵거스 디턴^{Angus} ^{Deaton}이 45만 명이 넘는 사람을 조사한 결과, 돈 문제라고 해도 일정 소득 수준(연간 1억 원)을 넘으면 돈과 행복도는 비례하지 않는다고 한다.

돈으로 얻을 수 있는 '무언가'가 불안의 원인이라서 단순히 돈을 벌면 해결되는 일이 아닐 가능성도 있다. 불안의 뿌리가 돈이 아니라, 돈으로 얻을 수 있는 거주 문제인 경우라면 갑자기 수입을 늘릴 수는 없어도 친구와 같이 살면 불안감을 줄일 수 있을지도 모른다.

그저 불안에 떨고 있지 말고, 인간은 가만히 있어도 불안해지는 법임을 이해하고 자신의 불안을 똑바로 마주하자.

그다음, 불안의 원인을 알았다면 '스스로 할 수 있는 일', '스스로 할 수 없는 일', '시간이 걸리는 일', '당장 할 수 있는 일'로 구분해서 생각해보면 어떨까? 그러면 불안을 해결할 방법이 보일 것이다.

핵심 처방전

불안할 때는 가장 먼저 나를 불안하게 하는 것이 무엇인지부터 찾자.

28

시험, 면접, 거래처 미링, 프레젠테이션 등 중요한 일을 하기 직전에

연/구/결/과

시험, 면접, 거래처와의 미팅 등
중요한 일을 하기 직전에
'불안'을 글로 써보면 오히려 '효율'이 높아진다.

• • •

시카고대학 제라르도 라미레즈Gerardo Ramirez 연구팀

앞에서 불안과 잘 지내기 위해서는 우선 자신의 상황을 제대로 파악하고 '무엇을 불안하게 생각하는지' 정확히 아는 게 중요하다고 했다.

자신의 불안을 이해하는 것은 장기적으로는 불안을 피하지 않고 마주하는 방법이지만, 단기적으로 효율을 향상시키는 데도 효과가 있다.

시카고대학의 심리학자 제라르도 라미레즈 연구팀이 한 실험이 있다.

시험 직전 10분 동안 시험에 대한 불안한 마음을 종이에 쓴 그룹과 아무것도 하지 않고 시험을 본 그룹으로 나눠 실험한 결과, 불안에 대해 글로 쓴 쪽의 성적이 올랐다. 참고로, 시험 전에 손을 움직여서 뇌에 자극을 주었기 때문이 아니다. 다른 실험 결과와 대조해보니 '성적이 오른 것은 시험에 대한 불안감을 글로 써서 얻은 효과'였다고 한다.

그런 효과를 얻을 수 있었던 이유는 글로 쓰면 뇌의 '작업 기억Working memory'이 해방되기 때문이다.

'작업 기억'이란 방금 입력한 정보나 눈앞에서 일어나고 있는 일을 일시적으로 기억하는 단기 기억을 말한다. 즉, 시험에 대비해 공부하면서 외운 것이나, 시간이 걸리는 문제를 푸는 과정을 기억하기 위해 중요한 것이다.

그런데 내가 놓친 부분은 없는지 '이건 했나?', '저건 했나?'라면서 걱정하는 시험에 대한 불안감도 작업 기억을 채운다.

그래서 불안감을 정리해서 글로 쓰면 작업 기억을 차지하는 걱정거리를 떨칠 수 있고, 시험에 좀 더 집중할 수 있는 뇌의 상태를 만들 수 있다.

예컨대 시험 직전에는 교과서를 다시 보지 말고 '나를 불안하게 만드는 것들'을 적는 편이 더 좋은 결과로 이어질 수 있다.

시험뿐만 아니라 중요한 면접이나 거래처와의 미팅, 프레젠테이션 등에서 항상 긴장해서 만족스러운 결과가 나오지 않는 사람이 많을 것이다.

그런 사람은 실전에 임하기 전에 먼저 불안한 요소를 글로 적어보자.

꼭 종이에 쓰지 않아도 되고, 스마트폰 메모 기능을 이용해도 좋다. 자신이 불안해하고 있다는 사실을 인정하자. 손바닥에 한자로 사람 인人을 세 번 써서 삼키는 주문 동작도 같은 원리일지도 모른다.

핵심 처방전

면접, 거래처와의 미팅 등 중요한 일을 앞두고 나를 불안하게 만드는 것들을 적어보자.

29

장은
제2의 뇌다

연/구/결/과

공복 상태를 피하고
장내 환경을 정돈하면
기분이 안정된다.

· · ·

오하이오 주립대학 브래드 부시먼 연구팀

기운이 없으면 동작에 힘이 들어가지 않을 뿐만 아니라 외부에서 자극을 받아들이는 방식도 나빠진다. 아주 좋은 자극인데 마음이 움직이지 않거나, 평소에는 신경 쓰이지 않던 일들이 신경에 거슬리기도 한다.

예를 들어, 평소처럼 열심히 일하려고 하지만 작은 일에 짜증내는 일이 늘어난 사람이 있다면 자율신경이 흐트러졌다는 신호일지도 모르니 주의해야 한다. 그리고 그런 짜증의 가장 큰 원인은 '배고픔'이다.

공복 상태가 되면 마음의 안정과 깊은 관련이 있는 세로토닌이 감소한다. 개인마다 차이는 있겠지만 세로토닌이 많으면 마음의 안정을 얻을 수 있고, 줄어들면 짜증이 난다. 즉, 배가 고픈 느낌이 사라지면 불필요한 짜증을 줄일 수 있다.

원인을 모르게 짜증이 날 때
기분이 나아지게 하는 치트키

오하이오 주립대학의 브래드 부시먼 연구팀이 이와 관련해 흥미로운 실험을 했다.

부부 107쌍에게 배우자라고 생각하는 저주 인형과 51개의 바늘을 건넨 후, 21일 동안 잠자리에 들기 전에 인형에 원하는 만큼 바늘을 꽂으라고 했다. 그러자, 혈당 수치가 낮을 때일수록 인형에 꽂는 바늘의 개수가 많아지는 경향이 나타났다.

정말 짓궂은 실험이다. 혈당 수치는 음식을 먹으면 올라가서, 혈당 수치가 낮다는 것은 공복 상태를 뜻한다. '먹을 것과 입을 것이 풍족한 다음에야 예의를 차리게 된다'라는 속담도 있는데, 먹는 것이 충족되었는지 아닌지에 따라 화가 나는 정도가 결정

된다는 뜻이다. 마음의 안정에는 혈당 수치가 중요하다.

스트레스를 가져오는 명확한 요인이 없는데도 왠지 모르게 짜증이 나는 사람은 최근 나의 식습관을 되돌아보자. 당을 제한 하는 다이어트를 시작했다거나, 일이 너무 바빠서 식사를 제대 로 하지 못한 것 등이 짜증의 원인일지도 모른다.

짚이는 데가 있다면, 다이어트를 하더라도 밥 양을 조금 더 늘리거나 일하는 틈틈이 혈당 수치를 높이기 위해 주먹밥이나 과자를 먹거나, 배를 조금 더 채워 포만감이 들게 하면 짜증이 가라앉을 것이다(나는 일할 때 종종 초콜릿을 먹는다).

그렇지만 아무 음식이나 먹어도 상관없는 게 아니라, 무엇을 먹을지 신중하게 생각해야 한다. 장 건강은 마음 건강과 활력 유지에도 크게 관여하기 때문이다.

최근에 '장은 제2의 뇌'라고 불리면서 장과 뇌의 관계가 크게 주목받고 있다.

전 세계적으로 유명한 미국 의사 중 한 명으로 뽑힌 레오 갤 런드Leo Galland는 장내에 있는 세균이 수면이나 스트레스와 깊은 관련이 있다고 말했다.

그뿐만 아니라 기억, 감정, 그리고 인식에도 영향을 미친다. 더불어, 알코올의존증, 만성피로, 하지불안증후군 등 여러 가지 증상과 관련이 있다.

장 건강이 마음의 건강으로 이어지는 이유가 완전히 밝혀진 것은 아니지만 매우 신빙성이 높은 상황이다. 그야말로, '금강산도 식후경'이다.

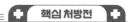

핵심 처방전

이상하게 신경에 거슬리는 상태거나 짜증이 난다면 우선 배를 채워 공복감을 없애자.

⟨ 30 ⟩

짧은 시간에
손쉽게 안정되는 법

⟨ 연/구/결/과 ⟩

마치 온천에 몸을 담갔을 때처럼
행복감을 느끼게 해주는 '수욕'

• • •

홋카이도대학 야노 리카矢野理香 연구팀

온천은 몸과 마음을 안정시킬 수 있는 곳이자 호사스러움의 상징이다. 온천 여행을 가면 치유 효과가 있다는 사실은 실험으로도 밝혀졌다.

　야노 리카 일본교통공사 연구팀과 오사카대학 대학원 의학계 연구과의 도다 마사히로戸田雅裕 연구팀은 2박 3일 여행에 참여한 40명의 여행 전후 타액을 채취하여 조사했다.

그 결과, 실험 대상자가 원래 가지고 있는 성질이 영향을 미치긴 하지만, 온천 여행이 스트레스를 줄여주는 효과가 있다는 사실이 증명됐다.

그렇지만 온천에 가려고 하면 시간을 내기도 어렵고 번거롭다. 그래서 일상에서 할 수 있는 간단한 방법이 손을 따뜻한 물에 담그는 '수욕'이다.

'수욕'은 의료 현장에서 탄생했다. 의료 현장에는 목욕할 수 없는 환자도 종종 있어서, 그런 환자들도 목욕하는 것 같은 느낌을 주고 효과를 얻을 수 있도록 하는 것이 '수욕'이다.

야노 리카 홋카이도대학 연구팀이 뇌혈관 장애 환자를 대상으로 한 연구 논문에 따르면, 38도의 따뜻한 물로 손을 덥히면 환자의 통증이 완화되거나 상쾌함이 증가했고, 긍정적인 말을 하게 돼서 회복하려는 의욕도 향상됐다고 한다.

이런 결과가 나오는 이유는 따뜻함을 느끼는 온점Warm spot이 손가락, 손바닥, 그리고 팔 아래에 집중돼 있기 때문이다. 또한, 손의 혈관에는 교감신경지배Sympathetic Innervation가 집중돼 있다. 그래서 손을 따뜻하게 하면 이런 신경을 자극해서 여러 가지 효과를 얻을 수 있다.

추울 때 난로나 모닥불 등에 손을 대고 덥히면 마음도 치유되는 기분이 든다. 단지 따뜻해서가 아니라 이런 과학적인 이유로 이해할 수 있다. 무엇보다 '수욕'은 사무실에 다용도 공간이 있으면 누구나, 언제든지 할 수 있다.

잠깐 한숨 돌리고 싶을 때, 적당한 용기에 따뜻한 물을 받아 잠시 손을 넣고 있기만 하면 된다. 다용도 공간이 없다면 히터 나 난로 앞에서 손을 따뜻하게 덥히는 것도 좋다. '수욕'을 하는 것과 같은 효과를 얻을 수 있다. 게다가 멍하게 있으면 뇌에도 활기가 돌고, 기분 전환도 할 수 있다.

손을 덥히면 심신 안정에 좋다는 사실을 기억해두자.

피곤하고 지쳤을 때 따뜻한 물에 손을 담그면 긴장이 풀어지고 기분이 좋아진다.

똑같은 눈물이라도
감동해서 흘리는 눈물이 아니면
의미가 없다

스트레스를 해소하거나 면역력을 향상시키기 위해서는 웃는 것보다 '우는 것'이 더 효과가 크다는 연구 결과가 있다.

생화학자 윌리엄 프레이William H. Frey는 스트레스 반응으로 분비되는 부신겉질자극호르몬Adrenocorticotropic hormone이 눈물에 포함되어 있다는 사실을 알아냈다.

즉, 눈물 속에 스트레스를 받으면 분비되는 물질이 있어서 울면 후련해진다는 것이다.

단, 이 눈물은 모래가 눈에 들어가거나 양파를 썰 때 등 안구가 자극을 받아 흘리는 눈물이 아니라, 감정이 움직여서 나오는 눈물이어야 한다. 특히, 슬퍼서 흘리는 눈물보다 감동해서 흘리는 눈물이 스트레스 해소에 효과가 있다고 한다.

정기적으로 눈물을 흘리면 적당히 스트레스를 해소할 수 있으니, 진심으로 감동할 수 있는 영화나 소설 등을 찾아보면 어떨까? 인생을 풍요롭게 할 수 있는 취미를 발견하는 일석이조 효과도 기대할 수 있다.

☑

5장

하루 종일
좋은 컨디션을 유지하는
아침 습관

fake smile

time limit

shout

space out

microsleep

31

공립학교 학생들이 공부로
전국 1위를 차지한 방법

연/구/결/과

아침에 일어났을 때
숨이 찰 정도로 운동을 하면
뇌가 최상의 상태로 각성한다.

· · ·

하버드 의과대학 존 레이티John J. Ratey 연구팀

아침에 알람이 울리면 더 자고 싶다고 생각하면서 겨우 이불에서 빠져나오지만, 도저히 기운은 나지 않는다. 직장에 가도 같은 자리에서 빙글빙글 도는 느낌으로 겨우 일을 시작해 온종일 그 상태로 하루하루를 보내는 사람, '일은 원래 그런 거니까 어쩔 수 없어'라며 변하기를 포기한 사람도 많을 것이다.

일부러 따끔하게 한마디 하겠다.

거기서 포기하니까 현재 상태에서 벗어날 수 없는 것이다!

아침은 하루의 시작이다. 아침에 어떻게 시동을 거느냐에 따라 하루의 만족도가 크게 달라진다. 그래서, 꼭 시도해보기를 권하는 방법이 '아침에 운동하기'다.

| '일류'들의 아침은 다르다

내가 일이나 사생활에서 만난 능력자, 일류로 불리는 사람들, 업계 일인자나 이단아라고 불리는 에너지 넘치는 사람들의 공통점은 '아침 운동을 하는 것'이었다.

앞에서 소개한 무라카미 하루키는 내가 만났을 때 나이가 60대 후반이었는데, 매일 아침 1시간 이상 달리기를 하고 철인 삼종경기에도 나갈 정도로 강인한 사람이었다. 그리고 그는 아침 달리기를 한 후에 작업을 시작한다고 했다.

또한, 유능한 변호사나 재판관, 빠르게 성장한 기업의 창업가 등 사회에서 활약하는 활력 넘치는 사람들은 마라톤, 서핑, 골프, 요가 등 아침부터 운동하거나 몸을 움직이는 습관을 갖고 있다. 왜 아침 운동을 하게 되었냐고 물었더니 업무 효율을 높이기 위해, 건강을 챙기기 위해 이것저것 해보다가 아침에 운동하는 습관이 생겼다고 한다.

아침 운동이 좋은 가장 큰 이유는 혈액 순환이 잘 돼서 뇌에 산소가 잘 돌기 때문이다.

운동으로 뇌를 활성화하는 것에 관한 연구는 많지만, 그중에서도 하버드 의과대학의 존 레이티 연구팀의 연구에 따르면 미국 일리노이주에 있는 공립고등학교에서 달리기 등 종류에 상관없이 학생들이 좋아하는 운동을 매일 아침 꼭 하게 했더니, 성적이 점점 오르다가 전국에서 학력 1위까지 하게 됐다고 한다.

이때 중요한 것은 심박수를 어느 정도 올릴 수 있는 운동을 하는 것이다. 조금 힘들다고 느낄 정도로 운동하는 것이 좋다.

뇌가 활동하려면 산소가 필요하다. 그리고 혈액이 산소를 뇌로 운반하는데, 운동하면 심장에서 뇌로 혈액이 보내져서 뇌가 최상의 상태가 된다.

아침에 달리기를 하고 출근하는 사람이 회사에서도 아침부터 활기차게 일할 수 있는 것에는 이런 과학적인 이유가 숨어 있다. '조금만 더'라고 말하면서 다시 잠들 시간에 운동하면 오히려 피로가 없어지고, 좋은 컨디션으로 일할 수 있게 된다.

➕ 핵심 처방전 ➕

몸과 머리가 굳어 일의 효율이 떨어졌다는 생각이 든다면 1시간 일찍 일어나서 가볍게 운동을 해보자.

32

아침에
피로를 풀려면

40도의 따뜻한 물로 샤워하면
자율신경이 정돈된다.

...

치바대학 이수민 연구팀

아침을 활기차게 시작하고 싶어, 하지만 운동은 하기 싫어!

이런 사람에게 추천하는 방법이 바로 '아침에 샤워하기'다. 치바대학의 이수민 연구팀은 실험으로 오전에 40도의 따뜻한 물로 샤워를 하면 긴장을 풀고 있을 때 나오는 알파파라는 뇌파가 증가한다는 것을 알아냈다. 주어진 과제를 틀리는 비율도 감소했다.

아침에 샤워를 하면 커피를 마시는 것보다 상쾌함을 느끼고, 피로가 풀린다고 한다.

잠에서 깨는 효과만으로 비교하면, '아침 반신욕'보다 '아침 샤워'가 더 강력하다는 조사 결과도 있다. 오전에는 항상 멍해서 일이 손에 잡히지 않는 사람에게 맞춤인 방법이다.

다만, 샤워하는 방법에도 요령이 있다.

40도 정도의 살짝 뜨거운 온도로 되도록 센 물줄기를 목, 어깨, 등에 걸쳐 3~5분 동안 뿌린다. 그렇게 하면 일종의 가속 페달이라고 할 수 있는 교감신경을 자극할 수 있다.

일상에서 컨디션이 떨어지는 것은 자율신경과 관련이 깊다. 그래서 자율신경을 자극해야 한다. 교감신경은 자율신경 중에서도 깨어 있을 때 작용하는 신경이다. 교감신경을 자극하면 컨디션을 끌어올릴 수 있다.

또한, '운동은 싫어하지만, 살은 빼고 싶어!'라고 말하는 사람에게는 찬물로 샤워하는 것을 추천한다.

지방세포에는 백색지방세포와 갈색지방세포 두 종류가 있다. 백색지방세포는 온몸 곳곳에 있는데, 특히 아랫배, 엉덩이, 허벅지, 등, 팔뚝, 내장 주위에 많이 있다. 체중은 많이 나가지 않지만 아랫배나 엉덩이가 살찐 것이 신경 쓰이는 사람도 많을 텐데, 이런 부위에 백색지방세포가 많기 때문이다. 백색지방세포는 체내에 남은 열에너지를 중성 지방의 형태로 쌓아둔다.

갈색지방세포는 목둘레, 겨드랑이 밑, 어깨뼈 주변, 심장과 신장 주변 등에 있다. 체내에 쌓인 남은 열에너지를 열로 바꿔서 내보내는 고마운 세포다. 찬물로 샤워를 하면 갈색지방세포가 '몸이 차가워졌다!'라고 판단해서 몸을 덥히기 위해 백색지방세포가 저장해둔 에너지를 연소시키라는 지시를 내린다.

시간은 1분 정도면 된다. 10~15분 정도 차가운 물로 샤워를 할 경우, 1시간 동안 운동한 것과 같은 효과가 있다고 한다.

추운 겨울이 아니라면 아침부터 서핑이나 수영 등을 하는 것도 좋겠다. 운동도 되고, 찬물 샤워를 한 것과 같은 효과를 얻을 수 있다. 실제로 하와이 등에서는 아침 일찍 서핑한 뒤에 일하러 가는 활력 넘치는 경영자도 많다.

하지만, 혈압이 불안한 사람은 갑자기 혈압이 올라 심장 발작을 일으킬 가능성도 있으니, 반드시 의사와 상담한 후에 습관으로 만들자.

핵심 처방전

아침을 활기차게 시작하고 싶은데 운동이 싫다면, 아침 샤워를 해보자.

33

아침부터 컨디션을
완벽하게 만들고 싶다면

연/구/결/과

완벽한 하루를 만드는 아침 루틴은 운동을 하고
40도 온도의 물로 샤워한 후에,
38~40도로 반신욕을 하는 것이다.

· · ·

치바대학 이수민 연구팀

자, 아침 샤워로 활력이 생기고 찬물 샤워로 지방을 태울 수도 있다고 소개했는데, "그런 미지근한 방법이 아니라 완벽하게 컨디션을 조절하고 싶어!"라고 말하는 사람들을 위해 한 가지를 더해서 완벽한 하루를 만드는 방법을 소개하겠다.

아침에 운동해서 몸을 피곤하게 한 다음, 샤워를 하고, 마지막으로 반신욕을 해서 피로를 말끔히 푸는 방법이다.

반신욕의 뛰어난 점은 욕조에 몸을 강제로 담가야 한다는 것이다. 몸이 축 늘어져서 몸이 쉬고 있을 때의 자세가 되는데, 이 자세(몸의 움직임) 덕분에 마음의 긴장도 풀린다.

목욕탕이나 온천을 좋아하는 사람 중에는 왠지 느긋한 사람이 많다는 생각이 들지 않나? 앞에서 소개한 치바대학의 이수민 연구팀은 이것을 증명하기 위해 4가지 조건으로 실험했다.

① 40도로 반신욕을 한다.
② 40도로 샤워를 한다.
③ 40도인 미스트 사우나(실내에서 증기로 하는 사우나)를 한다.
④ 아무것도 하지 않는다.

그 결과, ①번 참가자가 실험 전과 후를 비교했을 때 가장 근육의 피로도가 줄었다. 그다음은 ③번, 그다음은 ②번 순서로 피로도가 차이 났다.

즉, 운동으로 혈액 순환을 원활하게 하고 운동으로 지친 몸을 반신욕으로 풀어준 다음 일하러 가면 최고의 컨디션을 만들 수 있다는 말이다.

반신욕은 혈관을 넓혀 혈액 순환을 좋게 하고 심신 안정 효과도 있다. 특히, 38~40도 정도 되는 온도의 약간 미지근한 물에 제대로 몸을 담그는 것이 좋다.

연구팀의 실험에서는 5~10분 간격으로 30분까지 실험했는데 시간이 지날수록 효과가 높아졌다.

아침부터 활기차게 일을 시작하고 싶다면 샤워로 교감신경을 자극하고, 긴장을 풀고 나서 일을 하고 싶다면 욕조에 몸을 담그는 등 목적에 따라 구분해서 사용해도 좋다.

핵심 처방전

완벽한 컨디션을 만드는 아침 루틴은 운동을 해서 몸을 피곤하게 한다음, 샤워를 해서 자율신경을 자극하고, 마지막으로 반신욕을 해서 피로를 말끔하게 푸는 것이다.

6장

☑

번아웃을 이겨내는
행복감 높이는 법

 fake smile time limit shout space out microsleep

(34)

인정은 남을 위해
베푸는 것이 아니다

연/구/결/과

가까운 친구, 지인, 스승님 등이 기뻐할 만한 일을
일주일에 다섯 번 하면 행복감이 높아진다.

· · ·

캘리포니아대학 소냐 류보머스키|Sonja Lyubomirsky 연구팀

'요즘 재수가 없다.'

'운이 나빠.'

'일이 계속 안 풀려……'

이런 생각이 든 적은 없는가?

이렇게 행복감이 떨어졌다고 느낄 때가 자신의 행동을 되돌
아볼 기회다.

'인정은 남을 위해 베푸는 것이 아니다'라는 말이 있다. 남에게 잘해봐야 소용없다는 뜻이 아니라, '타인을 위한 행동은 그 사람뿐만 아니라 돌고 돌아 나에게도 돌아온다'라는 뜻이다.

이 말은 '행복감이 낮은 상태'에서 벗어나는 좋은 힌트가 된다. 휴스턴대학의 멜라니 러드Melanie Rudd 연구팀의 실험에 따르면, 자신을 위해 무언가를 하는 것보다 다른 사람을 위해 좋은 일(친사회적 행동Prosocial behavior)을 하고, 그것을 해낼 때 인간은 행복해진다고 한다. '구체적으로 남에게 도움이 되는 행동'을 하면 자기 자신의 행복감도 올라간다는 것이다.

'친절한 행동'을 할 때는 구체적이고 내가 할 수 있는 것을 한다

'구체적인 도움'이 되려면, 기대와 현실의 거리를 좁히는 일이 중요하다. 그렇게 하기 위해서는 이루기 쉬운 목표를 정하고 목표를 이루기 위해 실천해야 한다. 누군가를 웃게 한다거나 재활용할 수 있는 쓰레기를 잘 모아서 버리는 정도도 괜찮다.

'타인의 행복을 위해서', '지구 환경을 위해서'처럼 추상적인 목표를 정하면 목표를 어떻게 실현해야 할지 알 수 없어서 행복하다고 느끼는 정도가 낮아진다는 결과가 있다.

캘리포니아대학의 소냐 류보머스키 연구팀이 한 이런 연구도 있다.

① 모르는 사람의 주차장 이용 요금을 대신 낸다, 헌혈한다, 친구의 문제를 해결한다, 옛날에 신세를 진 선생님께 감사 편지를 쓴다 등 5주에 걸쳐서 한 주에 무엇이든 좋은 일을 5번 한 사람
② 아무것도 하지 않은 사람

두 사람을 비교했을 때, 전자의 경우 더 많은 행복감을 느꼈다. 그리고 하루에 한꺼번에 좋은 일을 다섯 번 한 사람이 행복감이 가장 높았다고 한다. 즉, '일주일에 한 번, 하루에 다섯 번 타인을 위해 좋은 일을 하는 것'이 가장 좋다는 말이다.

낸시 모로 하월Nancy Morrow-Howell 연구팀에서는 자원봉사자 등 남을 돕는 일을 하는 사람은 우울증에 걸릴 확률도 낮고, 자원봉사를 오래 할수록 행복을 느끼는 정도가 높아진다는 것을 알아냈다.

즉, 은혜를 입은 사람이 언젠가 나에게도 좋은 일을 해주기 때문이 아니라, 대가를 바라지 않고 타인을 위해 한 행동이 나를 행복하게 만들기 때문에 가장 좋은 치료제라고 할 수 있다.

아주 작은 일이라도 상관없다. 일상에서 여유로운 마음을 갖고 타인을 기쁘게 하길 바란다. '인정은 남을 위해 베푸는 것이 아니다' 같은 격언을 과학이 발전하기 전에 생각해낸 조상의 지혜는 대단하지 않은가!

✚ 핵심 처방전 ✚

짜증이 많은 날일수록, 나를 위해서라도 타인에게 친절해지도록 노력하자.

35

식사로
활기를 돋우려면

(연/구/결/과)

식사할 때는,
평소에 친한 사람뿐만 아니라
'앞으로 친해지고 싶다'라고 생각하는 사람과 함께
왁자지껄하게
· · ·
뉴욕 시립대학 그레고리 라즈란Gregory Razran의 연구

인간이 꼭 해야 하는 것이 식사인데, 식사하는 방법에도 활기를 돋우는 비결이 있다. 먼저 제안하고 싶은 방법은 '살짝 고급 식당에 가기'다.

예를 들어, 밤에는 눈이 튀어나올 정도로 비싼 레스토랑이나 비싼 초밥집도 점심시간에는 놀랄 만큼 저렴하게 요리를 맛볼 수 있다. 그때 '밤에 먹으면 한 끼에 이십만 원이나 하는 요리를

이 가격에 먹을 수 있다니, 완전 이득이야!'라면서 가성비 좋은 요리를 맛보며 진심으로 기뻐하자.

여럿이 함께 하는 식사의
두 가지 효과

사람들은 '비싼 포도주'라는 말만 들어도 맛있다고 느낀다는 매우 유명한 실험이 있다. 선입견은 인간의 미각마저 바꾸는 큰 힘이 있다. 그리고 하나 더 제안하자면, 식사를 즐길 때는 혼자가 아니라 여러 명과 함께 가기를 추천한다.

뉴욕 시립대학의 심리학자 그레고리 라즈란이 주장한 '런천 테크닉Luncheon Technique'이라는 이론이 있다. 사람은 식사할 때 설득이나 협상을 잘 받아들인다는 이론으로, 대하기 어렵거나 불편하게 느껴지는 상대와 대화하는 방법이다. 왜 식사할 때는 상대의 의견을 잘 받아들일까?

맛있는 음식을 먹으면서 이야기하면 기분이 좋아지고, 무심코 상대의 말에 넘어가서 이야기를 받아들이기 때문이다. 정치인이나 경영자가 업무 상대와 식사를 하는 것도 그런 자리를 통해 쉽게 합의를 볼 수 있기 때문이다.

특히 추천하는 방법은 평소에 친한 사람이 아니라, '친해지고 싶은 사람'을 식사에 초대하는 것이다. 이것은 '행복 호르몬'과도 관련이 있다.

'행복 호르몬'이라고 불리는 세로토닌은 사람과의 커뮤니케이션에서 매우 중요한 역할을 한다고 알려진 유명한 뇌 물질이다. 세로토닌은 일시적인 감정에 좌우되지 않고, 자신과 타인과의 관계를 살피고 현실적으로 무엇이 필요한지 긍정적으로 생각할 수 있게 해준다.

어떻게 하면 세로토닌을 활성화할 수 있을까?

되도록 사람과 접촉해야 하고 다른 사람과 이야기할 때 상대방이 어떤 생각을 하는지, 어떤 감정인지 생각하면서 이야기하는 것이 중요하다.

그런 점에서 속속들이 잘 아는 친한 사람보다 최근에 알게 된 사람이나 직장에서 자주 마주치지만 서로를 잘 알지 못하는 사람 등 '이 사람에 대해 알고 싶어!'라고 생각하는 사람과 식사를 하면 좋다.

그러면 '평소의 얼굴'과는 다른 면을 볼 수 있어서 사람들과 어울리는 것도 한층 더 즐거워진다.

무엇보다 모처럼 고급 음식점에 간다면 다양한 음식을 맛보고 싶지 않은가? 그럴 때 사람 수가 많으면 여러 가지 음식을 주문해서 나눠 먹을 수 있어서 좋다.

맛집에서 왁자지껄하게 하는 식사를 생각해보라. 생각만으로도 즐겁지 않은가!

핵심 처방전

익숙하거나 나와 친한 사람이 아니라, 친해지고 싶은 상대와 식사해보자.

36

스킨십으로
행복감을 높인다

연/구/결/과

지압 마사지를 받으면
세로토닌과 도파민이 분비된다.

. . .

마이애미대학 티파니 필드Tiffany Field 연구팀

'술자리에는 기어서라도 가라'라는 것이 내 생각이다. 이 생각
에는 '인간관계를 통해 인생이 변하므로 기회를 헛되게 날려서
는 안 된다'라는 의도가 담겨 있다.

이 생각을 실천하면서 다양한 업계와 다양한 위치에 있는 사
람을 만나면 모두 "꼭 필요한 소중한 만남이었기에 지금의 인
생이 있다"라고 말한다.

이렇게 말하면 "나는 혼자가 편해"라고 말하는 사람이 있을 수도 있겠다. 하지만, 이것에는 과학적인 근거가 있다.

사람은 사람과 접촉하면서 에너지를 받을 수 있도록 설계됐다. 스킨십을 하면 더욱 좋다.

앞에서 세로토닌에 대해 말했는데, 이 세로토닌을 한층 활성화시키는 것이 옥시토신이라는 호르몬이다.

옥시토신은 어머니가 아이에게 모유 수유를 할 때 증가하는 것으로 밝혀졌다. 옥시토신의 분비는 모성애라고 불리는 행동으로 이어진다.

이와 관련한 실험이 있다.

레겐스부르크대학의 올리버 보슈Oliver J. Bosch 연구팀에 따르면, 쥐를 대상으로 한 실험에서 수유기의 어미 쥐는 침입자에게 공격적인 모습을 보였다고 한다. 어미 쥐가 새끼 쥐를 위해 자신을 희생하는 행동은 옥시토신이 작용했기 때문이라고 볼 수 있다.

이 실험으로 옥시토신은 냉정한 판단력을 잃게 한다고 볼 수도 있지만, 그 상태는 '제 눈에 안경'이라고 부르는 상태와도 관련이 있다. 독일 본대학의 더크 셸레Dirk Scheele 연구팀이 한 실험에 따르면, 옥시토신을 코에 뿌린 남성은 파트너의 얼굴을 더 매력적으로 느낀다고 한다.

옥시토신이 증가하면 스트레스가 해소되고 행복감이 커진다고 알려져 있다. 그렇다면 옥시토신이 분비되는 순간은 언제일까?

바로 사람과 스킨십을 할 때다.

예를 들어, 포옹하거나 머리를 쓰다듬거나, 단순히 이야기하는 것만으로도 옥시토신이 분비된다. 유아교육 분야에서는 부모와 자녀 사이에 스킨십을 하느냐 안 하느냐가 자녀의 성격 형성에 큰 영향을 미치는 것으로 알려져 있다.

이런 이유로 연인이나 파트너, 아이 등과 스킨십을 하면 행복감이 배가된다.

| 마사지를 받으면 행복해지는 이유

스킨십할 상대가 있다면 가장 좋지만, 그럴 만한 사람이 없다거나 그런 시기가 이미 지났다면?

그런 사람에게 추천하는 방법이 마사지숍에 가는 것이다. 지압 마사지, 안마, 아로마 마사지 등 무엇이든 상관없다.

놀랍게도 이런 실험 결과가 있다.

마이애미대학의 티파니 필드 연구팀은 실험을 통해 마사지를 받으면 스트레스에 반응해서 분비되는 코르티솔이 31퍼센트 감소한 반면, 세로토닌은 28퍼센트, 의욕 향상을 돕는 도파민도 31퍼센트 증가했다는 사실을 알아냈다. 마사지를 통해 스트레스를 줄이고 의욕을 높일 수 있다는 말이다.

여러분 주위에도 누구에게나 사랑받는 사람이 있을 것이다. 그런 사람을 보면 선뜻 타인과 악수하거나, 가볍게 등을 두드리며 "수고했어!"라고 말하는 등 사랑받는 이유가 있다. 그런 사람은 평소에도 활기찬 모습이지 않은가? 활기찬 모습을 유지할 수 있는 것은 평소 세로토닌이 높아지는 행동을 한 덕분일 수도 있다.

참고로 여성은 남성보다 세로토닌 분비량이 적다고 알려져 있다. 아직 밝혀진 것은 없지만, 이런 이유 때문인지 여성은 동성끼리 스킨십이 많은 편이다. 세로토닌이 적다는 사실을 본능적으로 이해하고, 세로토닌을 늘리는 행동을 자연스럽게 하는 것일지도 모른다.

핵심 처방전

간단하게 활력을 유지하고 행복감을 높이고 싶다면 사람을 만나서 가볍게 스킨십을 하자. 스킨십이 싫다면 마사지를 받는 것도 도움이 된다.

37

고양이와 강아지를 만지면
행복해지는 이유

도저히 사람과 만날 기분이 아니라면,
동물과 교감하는 것으로도 세로토닌이 증가한다.

...

미국의 최신 치료법으로 증명된 펫 테라피

더 많은 세로토닌을 분비시키려면 사람과의 접촉이 가장 좋다. 하지만 세로토닌이 증가하든 말든 사람들을 만지기도 싫고 닿기도 싫은 사람도 있을 것이다. 또, 혼자 있고 싶은 기분일 때도 있다.

가끔이라면 괜찮지만, 항상 그런 상태라면 사실 위험한 상태라는 신호다. 세로토닌이 부족할 가능성이 높다. 생활이 불규칙해지거나 사람과 소통하지 않으면 점점 세로토닌이 분비되기 어려운 환경이 돼서 악순환에 빠지게 된다.

그래서, 사람을 만나기 귀찮은 상황에서 벗어나는 방법이 바로 '동물과 교감하기'다.

고양이나 원숭이 등은 서로 장난치거나 털을 정리해주면서 사랑과 친밀감을 나타내는데, 인간도 동물과 교감하면서 세로토닌을 증가시킬 수 있다.

동물과 교감하면서
한층 건강해진다

'애니멀 테라피Animal Therapy'라는 말을 들어본 적 있는가? 아직 일반적인 치료법은 아니지만, 미국에서는 '동물매개활동Animal Assisted Activity', '펫 테라피Pet therapy' 등으로 다양하게 불리며 이 치료법을 적극적으로 도입하려는 의료 현장이 늘고 있다. 프랑스에서는 보험 적용도 된다.

미주리대학의 레베카 존슨Rebecca A. Johnson과 리처드 메도스Richard L. Meadows는 19~73세의 실험 대상자에게 살아있는 개와 로봇 개 '아이보Aibo'를 만지게 한 후, 실험 대상자의 혈액을 조사했다. 살아있는 개를 만졌을 때는 세로토닌과 옥시토신이 증가하는 결과를 보였지만, 반대로 아이보를 만졌을 때는 감소했다고 한다.

집에 동물이 없는 사람도 쉽게 동물과 교감할 수 있는 장소 중 하나가 고양이 카페다(나는 큰 고양이를 좋아하는데 집에서는 고양이를 기를 수가 없어서 은밀하게 고양이 카페에 다니는 것을 즐긴다).

최근에는 토끼, 고슴도치, 올빼미 카페 등도 생겼다. 도시에는 어떤 동물이든 동물 카페가 있어서 비교적 쉽게 애니멀 테라피를 할 수 있다.

환경이 허락한다면, 개를 키우는 것이 세로토닌 분비를 늘리는 가장 좋은 방법이다. 고양이는 내버려둬도 괜찮지만, 개는 건강을 위해서라도 아침저녁으로 산책하러 가야 하고 사료도 시간 맞춰 줘야 하는 등 신경 쓸 일이 많다.

세로토닌은 햇볕을 쐬면 분비량이 늘어나는데, 특히 아침에 산책하면 운동 효과와 잠이 깨는 효과도 있다. 개를 키우면 밤늦게까지 밖에서 놀거나 일정을 잡을 수 없다. 싫어도 규칙적인 생활이 몸에 배고 교감을 통해 세로토닌이 잘 분비되는 환경이 된다.

또한, 산책할 때 개를 키우는 사람끼리 자연스럽게 소통할 수 있는 점도 큰 장점이다. 사우디아라비아 일부 지역에서는 남녀

끼리 만나는 것을 방지하기 위해서 개 산책이 금지돼 있을 정
도라고 한다.

인간은 클레오파트라 시대부터 고양이를 길렀지만, 그것은
반려동물에게 치유 받는 느낌을 경험으로 알고 있기 때문이라
고 생각한다.

핵심 처방전

사람과 만나서 접촉하는 것에 거부감이 있거나 혼자 있고 싶은 사람이라면
개나 고양이, 토끼 등 동물과 교감을 해보자.

⟨ 38 ⟩

언어 학습의
장점

연/구/결/과

외국어를 배우면 뇌가 발달해서
멀티태스킹을 잘하게 된다.

...

룬드대학 요한 마텐슨Johan Mårtensson 연구팀

여러분은 '만약 외국어를 할 수 있다면……'이라고 생각한 적 없는가? 활기와 외국어를 공부하는 것이 무슨 관계가 있나 생각할지도 모르지만, 이와 관련해 여러 가지 과학적 증거가 밝혀지고 있다.

최근 연구에서는 외국어로 말하면 뇌의 노화를 늦출 수 있다는 사실이 밝혀졌다.

번아웃을 막으려면
'몸 운동'뿐만 아니라 '뇌 운동'도 해야 한다

스웨덴 룬드대학의 요한 마텐슨 연구팀은 외국어 학습이 뇌 발달에 미치는 영향을 알기 위해 13개월 동안 두 그룹으로 나눠 실험했다.

A : 아침부터 밤까지 언어 외 공부를 한 그룹
B : 아랍어나 러시아어 등 외국어를 공부한 그룹

두 그룹을 비교한 결과, 언어를 공부한 그룹에서만 해마와 대뇌피질이 발달하는 모습이 나타났다고 한다. 즉, 뇌가 성장한 것이다.

또한, 에든버러대학의 토머스 백^{Thomas H. Bak} 연구팀은 외국어를 배운 사람과 그렇지 않은 사람에게 학력이나 기억력, 치매 발병률 등에 차이가 있는지 오랜 기간에 걸쳐 조사했다.

이 실험에서는 지능, 기억력, 정보처리 속도, 어휘력, 독해력을 측정하는 다양한 테스트를 했는데, 실험 대상자들이 11살 때(1947년 기록), 그리고 수십 년 뒤인 2008년에서 2010년 사이에 테스트해서 비교했다.

그랬더니, 여러 언어를 구사하는 사람일수록 분명하게 높은 성적이 나왔다. 그리고, 두 가지 언어보다 세 가지 언어를 구사할 수 있는 사람이 결과가 더 좋았다고 한다.

연구팀은 성별 차이, 사회경제적 지위, 이주 등 여러 가지 다른 요인도 살폈지만, '언어가 가장 큰 요인'이라고 결론 내렸다.

이런 연구 결과가 더 있다.

이중언어를 구사하는 사람은 멀티태스킹 능력이 뛰어날 뿐 아니라, 사물을 다면적으로 보는 사고 능력도 탁월하다는 결과가 있다. 게다가 각각의 언어를 말할 때 다른 뇌 회로를 사용해서 뇌 장애 등으로 한쪽 언어 회로를 잃어도 말을 완전히 잃지 않는다.

이런 결과를 통해 외국어 배우기는 마치 근육 트레이닝처럼 뇌 운동에도 상당히 좋다는 것을 알 수 있다.

짧은 시간 안에 외국어를 습득하기란 쉽지 않지만, 여행지 같은 곳에서 다른 언어를 이해하고 말할 수 있다는 성취감은 도파민을 분비할 뿐 아니라 큰 기쁨을 준다.

참고로 내가 추천하는 외국어 학습법은 '섀도잉Shadowing'이다. 음성을 듣고 그림자처럼 그 음성을 그대로 따라 하는 학습법이다. 이동하면서 스마트폰 앱 등을 활용해 영어 음성을 틀어놓고 계속 섀도잉한다. 간편하고, 책도 필요 없다.

실제로 소리를 내는 것이 가장 좋지만, 목소리를 내지 않고 따라 하는 '에어 섀도잉'(새로 만든 말이다)도 효과적이라고 알려져 있다.

여행할 때 모국어를 할 수 있는 가이드를 통해서 정보를 듣는 것도 좋지만, 역시 직접 현지 언어로 바로 소통할 수 있다면 행복감도 더 크다.

실제로 이득이 되는 습관이기에, 무엇이든 관심 있는 외국어 하나쯤 공부하는 것을 추천한다.

핵심 처방전

외국어 공부는 다른 것을 달성했을 때보다 더 큰 기쁨과 성취감을 줄 뿐만 아니라, 실제로 뇌의 노화를 늦추는 효과도 있다.

38가지 과학적 방법을 따라 하는 순간 '번아웃' 걱정에서 벗어난다

아무튼, 현대사회는 스트레스가 가득한 사회다.

그런 사회를 씩씩하고 활기차게 살아가려면 역시 몸과 정신을 건강히 하고, 의욕을 잘 조절하는 일이 중요하다. 그것이 곧 '진짜 번아웃'을 예방하는 방법이기도 하다.

이 책을 쓰게 된 이유도 번아웃을 예방하는 다양한 방법을 잘 알고 있어서다. 나도 이 책에 담은 여러 가지 '활기 돋우는 기술'을 생활 속에서 실천하고 있다.

예를 들어, 나는 평소에 등을 곧게 펴고 웃는 얼굴을 하고, 힘 있는 목소리로 일하면서 사람들과 교류한다. 그리고 하루 중 꼭 멍하게 천천히 커피를 마시면서 여유로운 시간을 갖는다. 운동도 한다. 기합을 넣어야 할 타이밍에는 몇 분간 잘난 척하는 자세를 하고 나서 운동을 시작한다.

이런 작은 습관들을 일상에서 실천해본 결과, 내 일상과 인생이 더욱 빛나기 시작했다. 나는 하루하루가 즐겁다.

활기가 없고 부정적인 분위기를 풍기고 있으면 운도 멀어진다. 이것은 나와 친한 경영자들이 공통으로 하는 말이다.

반대로, 자기가 활기를 띠면 주위 사람도 모든 일에 활기가 생긴다.

내가 웃는 얼굴로 있으면 주위에도 웃는 얼굴이 늘어나고, 내 주위로 사람들이 모인다. 여러 가지 일들도 잘 풀린다. 그야말로, "웃으면 복이 와요"인 것이다.

이 책은 과학적으로 증명된 방법을 소개한 점이 포인트지만, 솔직하게 말해서 연구자로서 과학을 파고들수록 과학으로는 설명할 수 없는 일들이 많다는 것을 느낀다.

사람과의 인연이나 신기한 연결고리, 그곳에서 일어나는 인생의 변화 등 '우연'이라고 말할 수도 있지만, 과학으로 설명하기에 무척 어려운 일들이 많다.

과학 이론은 시대와 함께 변한다.

정설이라고 여겨지는 것도 영원하지 않다. 언젠가는 이와 반대되는 이론이 정설이 될지도 모른다.

그래서 과학은 반드시 정반대의 결과가 있고, 증명할 수 있어야 한다. 이를 '반증 가능성'이라고 하는데, 쉽게 설명하면 유령에 관한 과학이 없는 것은 유령이 없다는 것을 증명할 수 없기 때문이다.

실제로 과학으로는 이 세상에서 일어나는 현상의 1퍼센트도 밝히지 못한다고 알려져 있다.

과학은 우리 생활에 있어서 매우 중요하고 도움이 되지만, 맹신해서도 안 된다. 물론, 이 책에서 전하는 내용은 스스로 시험해봤을 때 '오, 괜찮네'라고 생각한 방법만을 소개했으니 안심하길 바란다.

다만, '나는 오직 과학으로 증명된 것만 믿는다'라는 자세로 삶을 살아선 안 된다는 말을 하고 싶다. 이 책에서 소개한 방법을 내 생활 속에서 실천하려고 할 때, 나에게 맞는 방법을 판단해 선택하는 것이 중요하다. 무엇보다 그런 '주체성'이 인생에서는 중요하다.

마지막으로, 이 책이 출간될 수 있도록 도움을 준 법과언어과학연구소의 팀원들에게 감사의 마음을 전한다.

이 책을 집어 들고, 마지막 장까지 읽은 독자들에게도 감사하다. 이 책을 통해 매일 즐겁고 활기찬 하루하루를 보낼 수 있기를 바란다.

Allen, K., Golden, L. H., Izzo Jr., J. L., Ching, M.I., Forrest, A., Niles, C. R., Niswander, P. R., & Barlow, J. C.(2001). Normalization of hypertensive responses during ambulatory surgical stress by perioperative music. Psychosomatic Medicine 63(3): 487-492.

Asch, S. E. (1946). Forming impressions of personality. Journal of Abnormal and Social Psychology 41(3): 258-290.

Aviezer,H., Trope, Y., & Todorov, A. (2012). Body Cues, Not Facial Expressions, Discriminate Between Intense Positive and Negative Emotions. Science 30, Vol. 338, Issue 6111 : 1225-1229.

Bak, T. H., Nissan, J. J., Allerhand, M. M., & Deary, I. J. (2014). Does bilingualism influence cognitive aging? Annals of Neurology 75 (6): 959-963.
Baron, R. A. (1997). The Sweet Smell of... Helping: Effects of Pleasant Ambient Fragrance on Prosocial Behavior in Shopping Malls. Personality and Social Psychology Bulletin 23 (5): 498-503.

Beetz, A., Uvnäas-Moberg, K., Julius, H., Kotrschal, K. (2012). Psychosocial and psychophysiological effects of human-animal interactions: the possible role of oxytocin. Frontiers in Psychology 3 : 234.

Bohns, V. K., & Wiltermuth, S. S. (2012). It hurts when I do this (or you do that): Posture and pain tolerance. Journal of Experimental Social Psychology 48 (1): 341-345.

Bosch, O.J., Krömer, S.A., Brunton, P.J., Neumann, I.D. (2004). Release of oxytocin in the hypothalamic paraventricular nucleus, but not central amygdala or lateral septum in lactating residents and virgin intruders during maternal defence. Neuroscience 124 (2): 439-448.

Bransford, J. D., & Johnson, M. K. (1972). Contextual prerequisites for understanding: Some investigations of comprehension and recall. Journal of Verbal Learning and Verbal Behavior 11 (6): 717-726.

Briñol, P., Petty, R. E., & Wagner, B. (2009). Body posture effects on self- evaluation: A self-validation approach. European Journal of Social Psychology 39 (6): 1053-1064.

Broadwater, K. J. (2002). The effects of singing on blood pressure in classically trained singers. Doctoral dissertation, Louisiana State University.

Brown, P., & Levinson, S. C. (1987). Politeness : Some Universals in Language Usage. Cambridge : Cambridge University Press.

Bushman, B. J., Baumeister, R. F., & Stack, A. D. (1999). Catharsis, aggression, and persuasive influence : Self-fulfilling or self-defeating prophecies? Journal of Personality and Social Psychology 76 (3): 367-376.

Bushman, B. J., Dewall, C. N., Pond Jr., R. S., & Hanus, M. D. (2014). Low glucose relates to greater aggression in married couples. Proceedings of the National Academy of Sciences of the United States of America 111 (17), 6254-6257.

Cacioppo, S., Grafton, S. T., & Bianchi-Demicheli, F.(2012). The Speed of Passionate Love, As a Subliminal Prime: A High-Density Electrical Neuroimaging Study. Neuro Quantology 10(4): 715-724.

Campion, M., & Levita, L.(2014). Enhancing positive affect and divergent thinking abilities : Play some music and dance. The Journal of Positive Psychology 9(2) : 137–45.

Carney, D.R., Cuddy, A. J., & Yap, A. J.(2010). Power posing : brief nonverbal displays affect neuroendocrine levels and risk tolerance. Psychological Science 21(10): 1363-1368.

Cea Ugarte J. I., Gonzalez-Pinto

Arrillaga, A., & Cabo Gonzalez O. M.(2010). Efficacy of the controlled breathing therapy on stress: biological correlates. preliminary study. Revista de Enfermería 33 (5) : 48-54.

Craik, F.I.M., & Tulving, E.(1975). Depth of processing and the retention of words in episodic memory. Journal of Experimental Psychology : General 104(3) : 268-294.

Cuddy, A. J. C., Wilmuth, C. A., & Carney, D. R.(2012). The Benefit of Power Posing Before a High-Stakes Social Evaluation. Harvard Business School Working Paper, No. 13-27, 1-18.

Deci, E. L., & Ryan, R. M.(Eds.), Handbook of self- determination research. Rochester, NY: University of Rochester Press.

Dolan, R. J.(2002). Emotion, Cognition, and Behavior. Science 298(5596) : 1191-1194.

Field, T., Hernandez-Reif, M., Diego, M., Schanberg, S., & Kuhn, C. (2005). Cortisol decreases and serotonin and dopamine increase following massage therapy. International Journal of Neuroscience 115 (10) : 1397-1413.

Fox, J. & Tokunaga, R. S.(2015). Romantic Partner Monitoring After Breakups: Attachment, Dependence, Distress, and Post-Dissolution Online Surveillance via Social Networking Sites. Cyberpsychology, Behavior, and Social Networking 18(9) : 491-498.

Francis-Tan, A. M., and Mialon, H. M.(2015)." A Diamond is Forever" and Other Fairy Tales : The Relationship Between Wedding Expenses and Marriage Duration, Economic Inquiry 53 (4) : 1919-1930.

Frey, W.H. II, & Langseth, M.(1985). Crying, The Mystery of Tears.

Winston Press.

Fumoto, M., Sato-Suzuki, I., Seki, Y., Mohri, Y., & Arita, H.(2004). Appearance of high-frequency alpha band with disappearance of low-frequency alpha band in EEG is produced during voluntary abdominal breathing in an eyes-closed condition. Neuroscience Research 50(3) : 307-317.

Galland, L.(2014). The gut microbiome and the brain. Journal of Medicinal Food 17(12) : 1261-1272.

Gentry, W. A., Weber, T. J., & Sadri, G.(2007). Empathy in the workplace : a tool for effective leadership, Greensboro, NC : Center for Creative Leadership.

Greenlees, I. A., Eynon, M., Thelwell, R. C.(2013). Color of soccer goalkeepers' uniforms influences the outcome of penalty kicks. Perceptual & Motor Skills 117(1) : 1043-1052.

Hall, Edward T. 1976. Beyond culture. Garden City, N.Y. : Anchor Press.

Hogeveen, J., Inzlicht, M., & Obhi, S. S.(2014). Power changes how the brain responds to others. Journal of Experimental Psychology : General 143 (2), 755-762.

Holmes, A., Fitzgerald, P.J., MacPherson, K.P., DeBrouse, L., Colacicco, G., Flynn, S.M., Masneuf, S., Pleil, K.E., Li, C., Marcinkiewcz, C.A., Kash, T. L., Gunduz-Cinar, O., & Camp, M. (2012). Chronic alcohol remodels prefrontal neurons and disrupts NMDAR-mediated fear extinction encoding. Nature Neuroscience 15(10) : 1359-1361.

Hurlock, E. B.(1925). An evaluation of certain incentives used in school work. Journal of Educational Psychology 16(3), 145-159.

Johnson, R. A., & Meadows, R.(2004). Neurohormonal responses to human-robotic dog interaction. Paper presentation at 10th International Conference on Human-Animal Interactions, International Association of Human Animal Interaction, Organizations, Glasgow, Scotland.

Kahneman, D., and Deaton, A. (2010). High income improves evaluation of life but not emotional wellbeing. Proceedings of the National Academy of Sciences of the United States of America 107 (38) : 16489-16493.

Kappes, H. B., & Oettingen, G. (2011). Positive fantasies about idealized futures sap energy. Journal of Experimental Social Psychology 47(4) : 719-729.

Keenan, J. P., Freund, S., Hamilton, R. H., Ganis, G. & Pascual-Leone, A.(2000). Hand response differences in a self-face identification task. Neuropsychologia 38 (7) : 1047-1053.

Kraft, T. L., & Pressman, S. D. (2012). Grin and bear it: the influence of manipulated facial expression on the stress response. Psychological Science 23 (11) : 1372-1378.

Kruger, J. and Dunning, D. (1999). Unskilled and Unaware of It : How Difficulties in Recognizing One's Own Incompetence Lead to Inflated Self-Assessments. Journal of Personality and Social Psychology 77 (6): 1121-1134.

Ledgerwood, A. & Boydstun, A. E. (2014). Sticky Prospects : Loss Frames Are Cognitively Stickier Than Gain Frames. Journal of Experimental Psychology : General 143 (1): 376-385.

Lee, S., Fujimura, H., Shimomura, Y., & Katsuura, T. (2015). Verification of impact of morning showering and mist sauna bathing on human physiological functions and work efficiency during the day. International Journal of Biometeorology 59 (9) : 1207-1212.

Lee, S., Ishibashi, S., Shimomura, Y., & Katsuura, T. (2012). Physiological functions of the effects of the different bathing method on recovery from local muscle fatigue. Journal of Physiological Anthropology 31(1) : 26.

Libet, B., Gleason, C. A., Wright, E. W., & Pearl, D. K. (1983). Time of Conscious Intention to Act in Relation to Onset of Cerebral Activity (Readiness-potential). Brain 106: 623-642.

Lyubomirsky, S., Tkach, C., & Sheldon, K. M. (2004). Pursuing sustained happiness through random acts of kindness and counting one's blessings: Tests of two six-week interventions.

Unpublished rawdata, Department of Psychology, University of California, Riverside.

Mårtensson, J., Eriksson, J., Bodammer, N. C., Lindgren, M., Johansson, M., Nyberg, L., & Lövdén, M.(2012). Growth of language-related brain areas after foreign language learning. NeuroImage 63 (1) : 240-244.

Matthews, G. (2015). Study focuses on strategies for achieving goals, resolutions. A study presented at the Ninth Annual International Conference of the Psychology Research Unit of Athens Institute for Education and Research (ATINER), Athens, Greece.

Mizuno, K., Yoneda, T., Komi, M., Hirai, T., Watanabe, Y., & Tomoda, A. (2013). Osmotic release oral system-methylphenidate improves neural activity during low reward processing in children and adolescents with attention-deficit/hyperactivity disorder. Neuro Image : Clinical 2: 366-376.

Merton, R. K. (1949). Social theory and social structure. New York: Free Press.
Morrow-Howell, N., Hinterlong, J., & Rozario, P.A., Tang, F. (2003). : Effects of volunteering on the wellbeing of older adults. Journal of Gerontology, 58 (3) : S137-145.

Murray E. A., & Rhodes, S. E. V. (2016). Monkeys without an amygdala. In Living without an amygdala(Amaral, D. G. & Adolphs, R., eds.): 252-275, New York, NY : Guilford Press.

Thoma, M. V., La Marca, R., Brönnimann, R., Finkel, L., Ehlert, U., & Nater, U. M. (2013). The Effect of Music on the Human Stress Response. PLoS One. 8 (8) : e70156.

Nagasawa, M., Mitsui, S., En, S., Ohtani, N., Ohta, M., Sakuma, Y., Onaka, T., Mogi, K., & Kikusui,

T.(2015). Oxytocin-gaze positive loop and the coevolution of human-dog bonds. Science 348 (6232) : 333-336.

Nair, S., Sagar, M., Sollers, J. 3rd, Consedine, N., & Broadbent, E. (2015). Do slumped and upright postures affect stress responses? A randomized trial. Health Psychology 34 (6), 632-641.

Neuvonen, E., Rusanen, M., Solomon, A., Ngandu, T., Laatikainen, T., Soininen, H., Kivipelto, M., & Tolppanen, A. M. (2014). Late-life cynical distrust, risk of incident dementia, and mortality in a population-based cohort. Neurology 82 (24), 2205-2212.

Nomura, H. & Matsuki, N. (2008). Ethanol enhances reactivated fear memories. Neuropsychopharmacology 33 (12) : 2912-2921.

Oettingen, G., & Gollwitzer, P. M. (2010). Strategies of setting and implementing goals : Mental contrasting and implementation intentions. In J. E. Maddux & J. P. Tangney (Eds.), Social psychological foundations of clinical psychology : 114-135, New York : Guilford.

Peper, E., & Lin, I. (2012). Increase or Decrease Depression: How Body Postures Influence Your Energy Level. Biofeedback : Fall 2012, Vol. 40, No. 3 : 125-130.

Rabahi, T., Fargier, P., Sarraj, A. R., Clouzeau, C., & Massarelli, R. (2013). Effect of Action Verbs on the Performance of a Complex Movement. PLoS ONE 8 (7).

Raichle, M. E., MacLeod, A. M., Snyder, A. Z., Powers, W. J., Gusnard, D. A., & Shulman, G. L. (2001). A default mode of brain function. Proceedings of the National Academy of Sciences of the United States of America 98 (2) : 676-682.

Ramirez, G., & Beilock, S. L. (2011). Writing About Testing Worries Boosts Exam Performance in the Classroom. Science 331 (6014) : 211-213.

Ratey, J. J., & Hagerman, E. (2008). Spark : the revolutionary new science of exercise and the brain. New York : Little, Brown.

Razran, G. H. S. (1938). Conditioning Away Social Bias by the Luncheon Technique. Psychological Bullet in 35 : 693.

Rosekind, M.R., Smith, R.M., Miller, D.L., Co, E.L., Gregory, K.B., Webbon, L.L., Gander, P.H., & Lebacqz, J. V. (1995). Alertness management: Strategic naps in operational settings. Journal of Sleep Research 4 (Supplement 2) : 62-66.

Rudd, M., Aaker, J., & Norton, M.I. (2014). Getting the Most Out of Giving: Concretely Framing a Prosocial Goal Maximizes Happiness. Journal of Experimental Social Psychology 54 (September 2014) : 11-24.

Sadri, G., Weber, T. J., & Gentry, W. A. (2011). Empathic emotion and leadership performance: An empirical analysis across 38 countries. The Leadership Quarterly 22 (5) : 818-830.

Sanal, A. M., & Gorsev, S. (2014). Psychological and physiological effects of singing in a choir. Psychology of Music 42 (3) : 420-429.

Seo, H. S., Hirano, M., Shibato, J., Rakwal, R., Hwang, I. K., & Masuo, Y. (2008). Effects of coffee bean aroma on the rat brain stressed by sleep deprivation: a selected transcript- and 2D gel-based proteome analysis. Journal of Agricultural and Food Chemistry 56 (12) : 4665-4673.

Scheele, D., Wille, A., Kendrick, K. M., Stoffel-Wagner, B., Becker,

B., Günntürkün, O., Maier, W., & Hurlemann, R. (2013). Oxytocin enhances brain reward system responses in men viewing the face of their female partner. Proceedings of the National Academy of Sciences of the United States of America 110 (50) : 20308-20313.

Shohat-Ophir, G., Kaun, K. R., Azanchi, R., Mohammed, H., & Heberlein, U. (2012). Sexual experience affects ethanol intake in Drosophila through Neuropeptide F. Science 335 (6074): 1351-1355.

Skinner, B. F. (1954). The science of learning and the art of teaching. Harvard Educational Review 24 : 86-97.

Strack, F., Martin, L. L., & Stepper, S. (1988). Inhibiting and Facilitating Conditions of the Human Smile :A Nonobtrusive Test of the Facial Feedback Hypothesis. Journal of Personality and Social Psychology 54 (5) : 768-777.

Steinzor, B. (1950). The spatial factor in face to face discussion groups. The Journal of Abnormal and Social Psychology 45 (3) : 552-555.

Van Dierendonck, D., & Stam, D.A. (2014). Exploring the differentials between servant and transformational leadership. RSM Discovery-Management Knowledge 18 (2) : 16-17.

Vago, D. R., & Zeidan, F. (2016). The brain on silent: mind wandering, mindful awareness, and states of mental tranquility. Annals of the New York Academy of Sciences 1373 (1) : 96-113.

Vianello, M., Galliani, E. M., & Haidt, J. (2010). Elevation at work: The effects of leaders' moral excellence. The Journal of Positive Psychology 5 (5) : 390-411.

Vormbrock, J. K., & Grossberg, J. M. (1988). Cardiovascular effects of human-pet dog interactions. Journal of Behavioral Medicine 11 (5): 509-517.

Wan, X., Cheng, K., & Tanaka, K. (2015). Neural encoding of opposing strategy values in anterior and posterior cingulate cortex. Nature Neuroscience 18 (5) : 752-759.

Wrzesniewski, A., Schwartz, B., Cong, X., Kane, M., Omar, A., & Kolditz, T. (2014). Multiple Types of Motives Don't Multiply the Motivation of West Point Cadets. Proceedings of the National Academy of Sciences 111 (30) : 10990-10995.

Xu, Y., Turk-Browne, N. B., & Chun, M. M. (2007). Dissociating task performance from fMRI repetition attenuation in ventral visual cortex. Journal of Neuroscience 27 (22) : 5981-5985.

《뇌는 왜 내 편이 아닌가》 (이케가야 유지, 위즈덤하우스, 2013)

《조너선 하이트의 바른 행복》 (조너선 하이트, 부키, 2022)

《운동화 신은 뇌》 (존 레이티, 에릭 헤이거먼, 녹색지팡이, 2023)

《둥근 뇌-의욕의 비밀 (のうだま―やる気 の秘密)》 (가미오오카 도메, 이케가야 유지, 겐토샤, 2008)

《멍한 뇌! 멍때리기를 잘하는 사람은 일도 인생도 잘 풀린다(ぼんやり脳! 上手にボーっとできる人は仕事も人生もうまくいく)》 (니시다 마사키, 아스카신사, 2016)

〈Personal Space의 이방적 구조에 대하여(Personal Space の異方的構造について)〉 (다나카 마사코, 교육심리학 연구, 21(4), 223-232, 1973)

〈우울증 환자의 자기인식과 중요한 타자와의 관계성 이론전개 : 취약성의 다면적 이해를 위하여 (抑うつ者の自己認知と 重要な他者との関係性の理論展開 : 脆弱性の多面的理解に

向けて)〉(스키야마 다카시, 가쿠슈인대학
인문과학논집 8, 165-176, 1999)

〈자기 인지와 자기평가의 발달과 그
신경기반(自己認知と自己評価の発達と
その 神経基盤)〉(모리타 도모요, 이타쿠라
쇼지, 사다토 노리히로, 베이비사이언스 7,
22-39, 2007)

〈여행의 스트레스 감소 효과에 관한
정신신경내분비학적연구
(旅行のストレス低減効果に関する精神
神経内分泌学的研究)〉(마사노 히로아키,
도다 마사히로, 고바야시 히데토시,
모리모토 가네히사, 관광연구 19(2), 9-18,
2008)

〈뇌혈관 장애 환자의 수욕 – 7가지
사례 검토를 통하여(脳血管障害患者に
おける手浴 ―7事例の検討を通し
て)〉(야노 리카, 이시모토 마사에,
시나지 도모코, 이이노 치에코,
일본간호기술학회지 8(3), 101-108,
2009)

〈산림을 포함한 풍경
이미지 활용에 의한 항피로
효과(森林を含む風景画像の活用によ
る抗疲労効果)〉(미즈노 게이, 사사키

아키히로, 타지마 가나코, 호리 히로시,
카지모토 오사미, 와타나베 야스요시,
제126회 일본 산림학회대회, 833, 2015)

옮긴이 김양희

도쿄대학 대학원 농업생명과학과에서 석·박사 과정을 마쳤다. 현재 출판번역에이전시 글로하나에서 일본어 전문 번역가로 활동하고 있다. 역서로는 《오십부터는 왜 논어와 손자병법을 함께 알아야 하는가》, 《임정학강의》(공역), 《기묘한 꽃 이야기》, 《기묘한 무덤 이야기》(이상 전자책 공역) 등이 있다.

효과 빠른 번아웃 처방전

1판 1쇄 인쇄 2023년 12월 11일
1판 1쇄 발행 2023년 12월 20일

지은이 | 홋타 슈고
발행인 | 김태웅
기획편집 | 이미순, 유효주   **디자인** | 지완
마케팅 총괄 | 김철영   **마케팅** | 서재욱, 오승수
온라인 마케팅 | 하유진
인터넷 관리 | 김상규
제　작 | 현대순
총　무 | 윤선미, 안서현, 지이슬
관　리 | 김훈희, 이국희, 김승훈, 최국호

발행처 | ㈜동양북스
등　록 | 제2014-000055호
주　소 | 서울시 마포구 동교로22길 14 (04030)
구입 문의 | (02) 337-1737   **팩스** (02) 334-6624
내용 문의 | (02) 337-1763   **이메일** dymg98@naver.com

ISBN 979-11-5768-984-2 03190